高等职业教育工程造价专业"十三五"规划系列教材

建设工程项目经济分析与评价

JIANSHE GONGCHENG XIANGMU JINGJI FENXI YU PINGJIA

主　编⊙王正芬　陈桂珍
副主编⊙陈　蓉　王锋宪

西南交通大学出版社
·成都·

图书在版编目（CIP）数据

建设工程项目经济分析与评价/王正芬，陈桂珍主编．—成都：西南交通大学出版社，2016.8（2022.1 重印）
高等职业教育工程造价专业"十三五"规划系列教材
ISBN 978-7-5643-4789-5

Ⅰ．①建… Ⅱ．①王… ②陈… Ⅲ．①基本建设项目–经济分析–高等职业教育–教材②基本建设项目–经济评价–高等职业教育–教材 Ⅳ．①F282

中国版本图书馆 CIP 数据核字（2016）第 157397 号

高等职业教育工程造价专业"十三五"规划系列教材
建设工程项目经济分析与评价
主编 王正芬 陈桂珍

责 任 编 辑	姜锡伟
封 面 设 计	墨创文化
出 版 发 行	西南交通大学出版社 （四川省成都市二环路北一段 111 号 西南交通大学创新大厦 21 楼）
发行部电话	028-87600564　028-87600533
邮 政 编 码	610031
网　　　址	http://www.xnjdcbs.com
印　　　刷	成都中永印务有限责任公司
成 品 尺 寸	185 mm×260 mm
印　　　张	12
字　　　数	297 千
版　　　次	2016 年 8 月第 1 版
印　　　次	2022 年 1 月第 3 次
书　　　号	ISBN 978-7-5643-4789-5
定　　　价	27.00 元

课件咨询电话：028-87600533
图书如有印装质量问题　本社负责退换
版权所有　盗版必究　举报电话：028-87600562

高等教育工程造价专业"十三五"规划系列教材建设委员会

主　任　张建平

副主任　时　思　卜炜玮　刘欣宇

委　员　(按姓氏音序排列)

陈　勇　樊　江　付云松　韩利红

赖应良　李富梅　李琴书　李一源

莫南明　屈俊童　饶碧玉　宋爱苹

孙俊玲　夏友福　徐从发　严　伟

张学忠　赵忠兰　周荣英

序

21世纪，中国高等教育发生了翻天覆地的变化，从相对数量上看中国已成为全球第一高等教育大国。

自20世纪90年代中国高校开始出现工程造价专科教育起，到1998年在工程管理本科专业中设置工程造价专业方向，再到2003年工程造价专业成为独立办学的本科专业，如今工程造价专业已走过了25个年头。

据天津理工大学公共项目与工程造价研究所的最新统计，截至2014年7月，全国约140所本科院校、600所专科院校开设了工程造价专业。2014年工程造价专业招生人数为本科生11 693人，专科生66 750人。

如此庞大的学生群体，导致工程造价专业师资严重不足，工程造价专业系列教材更显匮乏。由于工程造价专业发展迅猛，出版一套既能满足工程造价专业教学需要，又能满足本、专科各个院校不同需求的工程造价系列教材已迫在眉睫。

2014年，由云南大学发起，联合云南省20余所高等学校成立了"云南省大学生工程造价与工程管理专业技能竞赛委员会"，在共同举办的活动中，大家感到了交流的必要和联合的力量。

感谢西南交通大学出版社的远见卓识，愿意为推动工程造价专业的教材建设搭建平台。2014年下半年，经过出版社几位策划编辑与各院校反复地磋商交流，成立工程造价专业系列教材建设委员会的时机已经成熟。2015年1月10日，在昆明理工大学新迎校区专家楼召开了第一次云南省工程造价专业系列教材建设委员会会议，紧接着召开了主参编会议，落实了系列教材的主参编人员，并在2015年3月，出版社与系列教材各主编签订了出版合同。

我认为，这是一件大事也是一件好事。工程造价专业缺教材、缺合格师资是我们面临的急需解决的问题。组织教师编写教材，一是可以解教材匮乏之急，二是通过编写教材可以培养教师或者实现其他专业教师的转型发展。教师是一个特殊的职业——是一个需要不断学习更新自我的职业，也是特别能接受新知识并传授新知识的一个特殊群体，只要任务明确，有社会需要，教师自会完成自身的转型发展。因此教材建设一举两得。

　　我希望：系列教材的各位主参编老师与出版社齐心协力，在一两年内完成这一套工程造价专业系列教材编撰和出版工作，为工程造价教育事业添砖加瓦。我也希望：各位主参编老师本着对学生负责、对事业负责的精神，对教材的编写精益求精，努力将每一本教材都打造成精品，为培养工程造价专业合格人才贡献力量。

中国建设工程造价管理协会专家委员会委员
云南省工程造价专业系列教材建设委员会主任　张建平
2015 年 6 月

前 言

"建设工程项目经济分析与评价"是高职高专学校工程管理、工程造价专业及其他相关专业的专业课,是结合专业建设、课程建设和教学改革而设置的课程。

本书从知识的系统性和完整性出发,结合工程项目的特点,阐述了建设工程项目经济学的基本原理和方法。本书的特色之一是理论与实践相结合,注重能力的培养,各章均安排有适量的习题和案例,并在最后一章编写了两个案例,以帮助学习者加深理解,巩固所学知识,使理论教学与实践教学能够有机地结合;特色之二是其内容既适用于工程造价专业,又适用于工程管理专业,是工程技术人员和管理人员的学习参考书。

全书共八章,以工程项目决策为主线,力求完整体现建设工程项目经济分析与评价的内容和方法,主要内容包括建设工程项目经济分析原理、建设工程项目技术方案经济效果评价指标与方法、建设工程项目财务评价、建设工程项目国民经济评价、不确定性分析、价值工程、建设工程项目经济分析与评价案例等。

本书第 1 章绪论、第 2 章建设工程项目经济分析原理和第 3 章建设工程项目技术方案经济效果评价指标与方法由云南交通职业技术学院王正芬编写;第 4 章建设工程项目财务评价和工业项目案例分析由云南交通职业技术学院陈蓉编写;第 5 章建设工程项目国民经济评价和交通项目案例分析由云南交通职业技术学院陈桂珍编写;第 6 章不确定性分析和第 7 章价值工程由昆明理工大学王锋宪编写。

在本书的编写过程中,作者参考了许多有关教材和资料,在此向有关作者表示感谢。由于编者水平有限,书中难免存在不妥之处,欢迎读者批评指正。

编 者
2016 年 3 月

目 录

第1章 绪 论 ·· 1
   1.1 建设工程经济分析的概念 ··· 1
   1.2 技术与经济的关系 ·· 1
   1.3 建设工程经济分析的研究对象与研究方法 ··· 2
   1.4 建设工程项目经济分析的特点 ·· 3
   1.5 建设工程项目经济分析的基本步骤 ··· 4
   本章小结 ·· 4
   复习思考题 ·· 5

第2章 建设工程项目经济分析原理 ·· 6
   2.1 工程经济要素 ·· 6
   2.2 资金的时间价值 ··· 10
   2.3 资金的等值计算及应用 ··· 13
   本章小结 ··· 23
   复习思考题 ··· 23

第3章 建设工程项目技术方案经济效果评价指标与方法 ································ 25
   3.1 建设工程项目技术方案经济效果评价的内容及指标体系 ······························ 25
   3.2 建设工程项目技术方案经济效果评价方法 ·· 40
   本章小结 ··· 53
   复习思考题 ··· 54

第4章 建设工程财务评价 ··· 56
   4.1 建设项目财务评价概述 ··· 56
   4.2 财务效益与费用估算 ·· 59
   4.3 财务评价报表的编制 ·· 72
   4.4 财务评价指标的计算与分析 ·· 82
   本章小结 ··· 86
   复习思考题 ··· 86

第5章 建设工程项目国民经济评价 ··· 90
   5.1 国民经济评价概述 ·· 90
   5.2 国民经济评价参数 ·· 97

5.3　国民经济评价指标及报表　103
　　　　本章小结　116
　　　　复习思考题　117

第6章　不确定性分析　118
　　6.1　不确定性分析概述　118
　　6.2　盈亏平衡分析　118
　　6.3　敏感性分析　122
　　6.4　风险分析　125
　　　　本章小结　134
　　　　复习思考题　135

第7章　价值工程　136
　　7.1　价值工程概述　136
　　7.2　价值工程的工作程序　140
　　7.3　价值工程应用示例　152
　　　　本章小结　154
　　　　复习思考题　154

第8章　建设工程项目经济分析与评价案例　155
　　8.1　建设项目财务评价案例　155
　　8.2　交通建设项目经济评价案例　163

参考文献　181

第1章 绪 论

教学目标：
- 掌握建设工程经济分析的概念
- 熟悉建设工程经济分析的研究对象与研究方法
- 了解建设工程经济分析的特点
- 熟悉建设工程经济分析的基本原则及分析步骤

1.1 建设工程经济分析的概念

在日常生活中，我们对生活中所遇到的事情都要进行选择，譬如采购一种物品，我们总是选择适合自己使用，同时价格又便宜的，为此，我们可能要多询问几个商品供应者。同样，在工程实践中，工程技术人员将涉及各种设计方案、工艺流程方案、设备方案、施工方案的选择。由于技术上可行的各种方案可能对应着不同的投资、费用、效益，因此就存在着这些可行的方案中哪个方案最划算的问题，即需要与其他可能的方案进行比较，以判断一个方案是否在经济上更为合理。这种判断不能是无根据的主观臆断，而是需要作出经济分析和研究。技术上可行，经济上合理，以最小的投入获得预期的产出或者以等量的投入获得最大的产出：这就是建设工程经济学要解决的问题。

因此，建设工程经济分析是运用工程学和经济学有关知识形成的工程经济分析原理与方法，完成实现工程项目预定目标的各种可行技术方案的技术经济论证、比较、计算和评价，优选出技术上先进、经济上合理的方案，从而为实现正确的投资决策提供科学依据的一门应用性经济学科。

1.2 技术与经济的关系

技术是指人类在利用自然和改造自然中所运用的知识、经验、手段和方法。广义地理解，技术还包括解决社会问题的方法、手段和知识等。因为人们在生产过程中积累起来的知识、经验、操作技能是不断提高的，所使用的生产工具、劳动手段也是不断改进的，所以，技术是不断发展和不断进步的。

经济在经济分析中主要有两种含义：一是指社会的物质生产和生产活动，泛指社会生产、交换、分配和消费各环节；二是指费用节约，即用较少的人力、物力、时间获得较多的生产成果,或者说为达到一定的目的而合理选择和有效利用有限的资源。

因此,技术与经济是相互联系、相互制约、相互促进的。任何技术实践都离不开经济背景,任何新技术的产生都是由于经济上的需要,任何技术方案的选择都要既考虑其技术上的先进性和可行性,又要考虑经济上的合理性和可能性;反过来,技术进步又会促进经济的发展,事实上,经济的发展往往在很大程度上要依赖先进技术的应用。总之,技术与经济既相互促进,又相互制约,两者不可分割。

任何工程活动都包含着技术与经济两个方面的问题。所有成功的工程活动,都在当时条件下较好地处理了技术与经济的关系,使二者在具体的工程活动中得到有机的高度统一。因此,作为一名工程技术人员,即使他从事的是单纯的技术工作,也不仅要精通专业技术,而且应具备较完备的经济知识。只有这样才能在工作中处理好技术与经济的关系,使自己设计的工程实现使用价值和经济价值的统一。考虑经济因素是工程技术人员有别于纯科学研究人员的一个重要特征。

1.3 建设工程经济分析的研究对象与研究方法

1.3.1 建设工程经济分析的研究对象

为了实现工程中资源的合理配置和有效使用,达到技术上可行、经济上合理的最佳结合点,从而建立技术经济理论体系、方法体系和指标体系,运用这些知识体系对具体的工程项目进行分析的过程叫建设工程项目经济分析。建设工程项目经济分析的对象是具体的工程项目。这里,工程项目的含义是广泛的,不仅指固定资产建造和购置活动中的具有独立设计方案、能够独立发挥功能的工程整体,更主要的是指投入一定资源并可以进行分析和评价的独立单位,如计划、规划和方案。

项目建设的每一个环节,既要考虑所采取技术手段的先进性,又要考虑人力、物力、财力资源消耗的经济性。如果将各种资源的耗费作为投入,将工程项目建成后的运营成果作为产出,那么投入与产出的比较,就构成经济效益的概念。所以说,建设工程项目经济分析的研究对象是具体工程项目技术方案的经济效益。

1.3.2 建设工程经济分析的研究方法

建设工程项目经济分析以工程技术为背景,将经济学、财务学的理论融合在一起,形成独特的理论知识体系,去解决工程技术实践中大量出现的技术方案的决策问题。常用的建设工程项目经济分析研究方法有以下四种。

1. 方案比较法

任何一项技术项目,如技术开发项目、设备更新项目、技术改造项目等都存在替代方案。

企业要实现技术进步的目的，总有不同的技术路径、技术措施；工程项目也有不同的生产方案。因此，通过方案比较与选择，才能找到最优解决方法，提高项目决策的科学性。

2. 动态分析法

动态分析主要包括两个方面的内容：一是在考虑工程项目投入与产出时，要考虑资金的时间价值；二是考虑工程技术项目本身的发展变化过程，即要考虑项目发展中环境条件的变化。因此，建设工程项目经济分析中投入与产出的动态计算是主要内容。建设工程项目经济分析的目的是针对未来市场环境价格的变化，预测工程项目的效益和可能面临的风险，从而帮助决策者做出科学的工程项目投资决策。

3. 定性与定量结合分析法

建设工程项目经济分析既要运用定量分析方法进行工程项目的国民经济评价、不确定性分析、财务评价及设备更新的经济分析，又要运用定性分析方法对项目后评价、可行性研究中的资源评价、建设规模与产品方案、实施进度、无形效果等非经济效果内容进行分析研究。因此，定性分析与定量分析是建设工程项目经济分析不可缺少的两种工具。

4. 系统分析法

我们在运用系统分析法进行建设工程项目经济分析时，首先，要树立整体观念，即把一个技术项目、工程项目看成一个独立、完整的系统，这个系统由许多子系统组成，各个子系统之间既相互独立又相互联系，如同工程项目由许多子项目组成一样；其次，要将技术项目、工程项目视为一个开放的系统，了解它与外部社会环境的密切关系；最后，在评价一个技术项目、工程项目时，不但要分析项目本身的投资效益，而且还要评价它产生的社会效益，考察它对生态环境的影响，从而实现技术项目与人文社会自然环境的和谐发展。

1.4 建设工程项目经济分析的特点

建设工程项目经济分析是一门将工程技术与经济规律相结合的新学科，具有以下特点：

（1）综合性。建设工程项目经济分析研究的工程技术的经济问题往往是多目标、多因素的，研究的内容涉及技术、经济、社会与生态等因素。

（2）实用型。建设工程项目经济分析的研究对象来源于生产建设，其分析研究结果又直接用于生产建设，并通过实践来验证分析结果的正确性。

（3）定量性。建设工程项目经济分析以定量分析为主，以定性分析为辅。经济分析的根本要求，是对项目建设和生产过程中的经济活动提出明确的数量观念，进行价值判断。所有工艺技术方案、工程方案、环境方案的优劣都应尽量通过计算指标将隐含的经济价值揭示出来，对于实在无法量化的经济要素辅以定性说明。

（4）比较性。建设工程项目经济分析是通过经济效果的比较，在不同的阶段进行多方案比较，从中选出技术可行、经济合理的最佳方案。

（5）预测性。建设工程项目经济分析是在一项工程活动之前进行的，具有预测性，是对将要进行的技术方案、技术措施、技术政策进行事先的分析与评价。

1.5 建设工程项目经济分析的基本步骤

1.5.1 调查研究

调查研究是进行技术经济计算、分析、比较、评价的基础与前提。通过调查研究，收集各种有关的资料和数据，并通过分析与整理，弄清每个技术方案的有关技术因素及各有关因素之间的关系。在调查研究过程中，应注意坚持理论联系实际，坚持系统的观点，善于灵活应用，善于运用相邻学科知识，学习外国先进经验并结合国情，注意关心国内外的经济信息，关心国家的各项方针政策，特别是关于经济方面的政策。

1.5.2 计算分析

计算分析是在调查研究的基础上，对调查研究阶段所获得的资料、数据进行计算分析，找出各相关因素之间的关系，并建立数学模型，作定量计算和定性分析。在计算分析过程中，需要鉴别和揭示各种矛盾，使问题的研究进一步深化。

1.5.3 综合评价和系统优选

根据前阶段的计算和分析，将各种效果因素及决策评价综合起来进行权衡，再根据系统选优的要求，组合、调整各因素与各局部的技术经济指标，结合定性与定量分析，对各种方案作出评价，最后选择理想方案。

本章小结

建设工程项目经济分析是运用工程学和经济学有关知识形成的工程经济分析原理与方法，完成实现工程项目预定目标的各种可行技术方案的技术经济论证、比较、计算和评价，优选出技术上先进、经济上合理的方案，从而为实现正确的投资决策提供科学依据的一门应用性经济学科。它的研究对象是具体工程项目技术方案的经济效益。常用的建设工程项目经济分析研究方法有方案比较法、动态分析法、定性与定量结合分析法、系统分析法四种。

建设工程项目经济分析具有综合性、实用性、定量性、比较性、预测性的特点。建设工程项目经济分析的基本步骤为：调查研究、分析计算、综合评价与系统优选。

复习思考题

1. 建设工程项目经济分析的研究对象是什么？
2. 建设工程项目经济分析常用的研究方法有哪些？
3. 建设工程项目经济分析具有哪些特点？
4. 简述建设工程项目经济分析的基本步骤。

第2章 建设工程项目经济分析原理

教学目标：
- 掌握工程经济各要素的概念及它们之间的关系
- 掌握现金流量的概念及现金流量图的画法
- 掌握资金时间价值的概念及资金的等值计算

2.1 工程经济要素

2.1.1 工程经济要素基本构成

建设工程项目经济分析需要先确定特定环境下工程方案的投资、成本、收入、利润及税金等方面的基本数据，这些构成了建设工程项目经济分析的基本经济要素。

1. 一次性投资

一次性投资是指工程技术方案实施需要一次性投入的费用，如工程的建设费用、设备的购置费用及其他必须支付的费用。

2. 运营费用

运营费用是指工程投入使用后在营运过程中所发生的费用，又称经营成本，如道路、桥梁、房屋等工程永久性设施的维护费、经常性修补费、定期大修费等。

3. 运营收益

运营收益是指工程技术方案投入使用后所产生的成果或收入，设备生产出的产品、建成的工厂投入生产后销售产品的销售收入，道路桥梁投入使用后产生的效益，等。

4. 税 金

建设工程项目经济分析中主要涉及销售税及销售税附加、所得税和其他税。销售税包括增值税、营业税、消费税。销售税附加包括城乡维护建设税和教育费附加。

1）增值税

增值税是以商品生产和流通各环节的新增价值或商品附加值为征收对象的一种流转税。

增值税包括销项税和进项税。

$$销项税 = 不含税收入 \times 税率 \qquad (2-1)$$

$$进项税 = 外购原材料、燃料和动力等不含税支出 \times 税率 \qquad (2-2)$$

$$当期应纳增值税 = 销项税 - 进项税 \qquad (2-3)$$

2）营业税（2016 年 5 月 1 日起，根据财税〔2016〕36 号文改征增值税）

营业税是指对不实行增值税的劳务交易征收的一种流转税。按国家税制规定，交通运输、金融保险、邮电通信、文化体育、娱乐、服务、房地产等类项目及相关方案经济分析中涉及此项税的计算。其计算公式为：

$$营业税 = 营业额 \times 适用税率 \qquad (2-4)$$

3）销售税附加

销售税附加包括城市维护建设税和教育附加。

征收城市维护建设税是为了加强城市的维护建设，扩大和稳定城市维护建设资金的来源。

征收教育费附加是为了多渠道筹集教育经费，改善中小学办学条件。教育费附加具有专款专用的性质。

城市维护建设税和教育费附加是以销售税为基数进行征收的，而销售税包括增值税、营业税和消费税。其计算公式为：

$$城市维护建设税 = (增值税 + 营业税 + 消费税) \times 相应税率 \qquad (2-5)$$

城市维护建设税税率为：市区为 7%；县、镇为 5%；市区、县、镇以外为 1%。

$$教育费附加 = (增值税 + 营业税 + 消费税) \times 相应税率 \qquad (2-6)$$

教育费附加税率一般为 3%。

4）所得税

建设工程项目经济分析中的所得税以企业的生产、经营所得和其他所得为征收对象。

$$所得税 = 应税所得额 \times 所得税税率 \qquad (2-7)$$

$$应税所得额 = 销售收入 - 总成本 - 销售税及附加 - 弥补以前年度亏损 \qquad (2-8)$$

5）其他税

其他税如土地使用税、车船使用税和印花税等，通常计入经营成本的其他费用中。

5. 利　润

1）利润总额

利润总额又称税前利润或毛利润。

$$利润总额 = 销售收入 - 总成本 - 销售税金及附加 \qquad (2-9)$$

2）净利润

净利润又称税后利润。

$$净利润 = 利润总额 - 所得税 \qquad (2\text{-}10)$$

2.1.2 成本费用

成本和费用是从劳动耗费角度衡量技术方案投入的基本指标，是建设工程经济分析中的基本要素，可以综合反映项目的技术水平、工艺完善程度、资金利用情况、劳动生产力和经营管理水平。建设工程项目经济分析中不严格区分费用和成本，而将它们都归为现金流出。

1. 总成本费用

总成本费用是指企业（投资项目）在一定时期（一般为 1 年）内为生产和销售产品所花费的全部支出。总成本费用包括外购原材料、燃料及动力费、工资及福利费、修理费、折旧费、维简费、摊销费、利息支出和其他费用。年总成本费用为：

$$总成本费用 = 生产成本 + 销售费用 + 管理费用 + 财务费用 \qquad (2\text{-}11)$$

$$总成本费用 = 外购原材料、燃料及动力费 + 工资及福利费 + 修理费 + 折旧费 + 维简费 + 摊销费 + 利息支出 + 其他费用 \qquad (2\text{-}12)$$

2. 经营成本

经营成本也称付现成本，是从工程项目本身考察，指在一定时间（通常为 1 年）内由生产和销售产品及提供劳务而实际发生的现金支出。经营成本属于工程项目的现金流出，可按下式计算：

$$经营成本 = 总成本 - 折旧费 - 维简费 - 摊销费 - 利息支出 \qquad (2\text{-}13)$$

$$经营成本 = 外购原材料、燃料及动力费 + 工资及福利费 + 修理费 + 其他费用 \qquad (2\text{-}14)$$

3. 固定成本和可变成本

固定成本是指在一定生产规模限度内不随业务量变动而变动的费用，如按平均年限法计提的固定资产折旧费、行政管理费、管理人员工资等。

可变成本是指其发生总额随业务量增减而增减的那部分成本，如生产产品的原材料、燃料动力费、生产人员的工资等。

4. 全寿命周期成本

全寿命周期成本是指技术方案在其寿命周期内发生的全部费用，包括初期方案的研究开发费、设计制造费、使用期间的运行费和维护费。

2.1.3 现金流量与现金流量图

1. 现金流量

一个建设项目在某一个时期内支出的费用称为现金流出，取得的收入称为现金流入。现金的流出量和现金的流入量统称为现金流量。现金流量有正有负，计算时，现金流入按正值看待，现金流出按负值看待。在建设项目投资经济效果评价中，一般按年计算现金流量值。

在进行经济效果评价时，先要计算出各年的现金流入量和现金流出量，最后计算出各年的净现金流量（现金流入与现金流出的代数和）。因此，现金流入、现金流出、净现金流量统称为现金流量。

2. 现金流量图

现金流量图是一种反映经济系统资金运动状态的图示，它是根据现金流量绘制的。在现金流量图中要反映现金流量的三要素，即资金的性质（资金的流入或流出）、资金发生的时间、资金数额的大小。现金流量的性质与对象有关，收入与支出是对特定对象而言的。如贷款人的收入，就是借款人的支出，反之亦然。通常，现金流量的性质是从资金使用者的角度来确定的。现金流量图如图 2-1 所示。

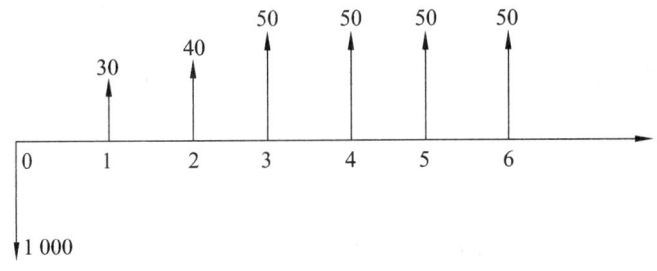

图 2-1 现金流量图

现金流量图的作图规则如下：

（1）以横轴为时间轴，零点表示时间序列的起点，向右延伸表示时间延续，n 表示时间序列的终点。横轴上每一间隔代表一个时间单位（计息周期），可取 1 年、半年、1 季或 1 月等。整个横轴表示的是所考察的经济系统的寿命期。

（2）与横轴相连的垂直箭线代表不同时点的现金流入或现金流出。在横轴上方的箭线表示现金流入（收益），箭头向上；在横轴下方的箭线表示现金流出（费用），箭头向下。

（3）垂直箭线的长短要能适当体现各时点现金流量的大小，并在各箭线上方（或下方）注明其现金流量的数值。

（4）垂直箭线与时间轴的交点即为现金流量发生的时点。

2.2 资金的时间价值

2.2.1 资金时间价值的概念

将一笔资金存入银行会获得利息，投资到工程项目中可获得利润。而如果向银行借贷，则需要支付贷款利息。资金在运动中会随着时间的推移而变动，变动的这部分资金就是资金的时间价值。

资金的时间价值有两个含义：一是将货币用于投资，通过资金运动使其增值；二是将货币存入银行或出借，相当于个人失去了对这些货币的使用权，用时间计算这种牺牲的代价。

任何技术方案的实施，都有一个时间上的延续过程，由于资金时间价值的存在，不同时间上发生的现金流量无法直接进行比较。只有通过一系列的换算，在同一时点上进行对比，才符合客观实际情况。这种考虑了资金时间价值的经济分析方法，使方案的评价和选择变得更加现实可靠。

能否正确地确定资金的时间价值，是建设项目投资经济效果评价结论正确与否的关键。

2.2.2 资金时间价值的度量

资金的时间价值是以一定数量的资金在一定时期内的利息来度量的，而利息是根据本金的数额、利率和计息时间来计算的。这里所指利息是一种广义的概念，是投资净收益与借贷利息的统称。

衡量资金时间价值的尺度有两种：一种是绝对尺度，即利息和利润；另一种是相对尺度，即利息率和利润率。

1. 利息与利率

把资金投入生产建设产生的增值，称为利润；把资金存入银行获得的增值，称为利息。利息或利润都是资金时间价值的体现，即利息和利润是衡量资金时间价值的绝对尺度。

利息与本金的比值，称为利息率或利率；利润与原投入资金的比值，称为利润率。利率和利润率反映了资金随时间变化的增值率，通常用百分率表示。利率和利润率是衡量资金时间价值的相对尺度。

在技术经济分析中，一般研究某项目的经济效果时，通常使用利润和利润率；在计算分析资金信贷时，则用利息和利息率。

2. 单利和复利

利息和利率或利润和利润率都是衡量资金时间价值的尺度。故计算资金时间价值的方法，就是计算利息的方法。计算利息的方法有两类，即单利法和复利法。

1）单利法

单利法是仅以本金为基数计算利息的方法。

单利计算公式为：

$$F = P(1+ni) \tag{2-15}$$

式中　i——利率；

　　　n——利息周期数（通常以年为单位）；

　　　P——本金，表示一笔可投资的现款；

　　　F——本利和，即按利率、本金经过 n 次计息后的本金与利息之和。

【例 2-1】　某高速公路建设投资，由银行贷款 25 亿元，年贷款利率为 6%，10 年后一次结清贷款，按单利法计算 10 年后应偿还银行的本利和是多少？

【解】　由公式（2-15）得：

$$F = P(1+ni)$$
$$= 25 \times (1+10 \times 6\%)$$
$$= 40.0（亿元）$$

由以上计算可知：单利法在一定程度上考虑了资金的时间价值，但不彻底，因为没有考虑先前周期已产生的利息的时间价值。

2）复利法

复利法是以本金和累计利息之和为基数计算资金的时间价值（利息）的方法。

复利计算公式为：

$$F = P(1+i)^n \tag{2-16}$$

例 2-1 用复利法计算 10 年后应偿还银行的本利和是多少？

【解】　由公式（2-16）得：

$$F = P(1+i)^n$$
$$= 25 \times (1+6\%)^{10}$$
$$= 44.77（亿元）$$

某项投资 10 000 元，年利率 6%，若利息不取出而是继续投资，那么盈利额将会逐年增加，这种重复计算盈利的方法即为复利法。投资增加的过程如表 2-1 所示。

表 2-1　投资增加过程

年份	年初本金	当年盈利	年末本利和
1	10 000	10 000×6% = 600	10 600.00
2	10 600	10 600×6% = 636	11 236.00
3	11 236	11 236×6% = 674.16	11 910.16
4	11 910.16	11 910.16×6% = 714.61	12 624.77
⋮	⋮	⋮	⋮

由表 2-1 的计算过程可以看出，复利法不仅以本金逐期计算利息，而且以前期累计利息也逐期计算利息。因此，复利法能够充分地反映资金的时间价值，也更符合实际。

2.2.3 实际利率和名义利率

以上复利法计算利息中，把利息周期作为一年。当利息周期不满一年时，就有名义利率与实际利率之分。所谓名义利率，或称为虚利率，一般指银行标明的年利率，它不考虑实际计息周期长短。而实际利率又叫有效年利率。当一年内计息多次时，实际利率是反映实际利息额高低的年利率。若计息周期为一年，则名义利率等于实际利率。若一年中有若干个计息期，则名义利率小于实际利率。

下面通过表 2-2 内的数据说明名义利率与实际利率的关系。若向某银行贷款 1 000 元，名义利率为 12%，计算如表 2-2 所示。

表 2-2　名义利率与实际利率的关系

计息周期	一年内计息周期数	周期实际利率	本利和复利计算公式	年实际利息	年实际利率
年	1	12%	$1\,000\times(1+12\%)$	120	12%
半年	2	6%	$1\,000\times(1+6\%)^2$	123.6	12.36%
季	4	3%	$1\,000\times(1+3\%)^4$	125.51	12.551%
月	12	1%	$1\,000\times(1+1\%)^{12}$	126.83	12.683%
周	52	0.231%	$1\,000\times(1+0.231\%)^{52}$	127.48	12.748%
天	365	0.033%	$1\,000\times(1+0.033\%)^{365}$	127.98	12.798%

已知名义利率求实际利率的计算公式为：

$$i=\left(1+\frac{r}{t}\right)^t-1 \qquad (2\text{-}17)$$

式中　i——实际利率；

　　　r——名义利率；

　　　t——复利周期数。

由于计息的周期长短不同，同一笔资金在占用的总时间相等的情况下，所付的利息也会不同。名义利率相同的情况下，结算的次数越多，实际利率越高，即所产生的利息就越高。

在进行工程方案的经济效益比较时，若按复利计算利息，而各方案在一年中计算利息的次数不同，就难以比较各方案的经济效益的优劣，因此，就需要将各方案计息的名义利率换算成实际利率，然后再比较各方案的优劣。

【例 2-2】　某隧道建设项目拟向外商订购设备，有两个银行可提供贷款：甲银行年利率 6.2%，计息周期按半年复利计算；乙银行年利率为 6.15%，计息周期按月复利计算。试比较应向哪家银行贷款？

【解】　计算两家银行的年实际利率：

$$i_甲=\left(1+\frac{6.2\%}{2}\right)^2-1=6.296\%$$

$$i_乙=\left(1+\frac{6.15\%}{12}\right)^{12}-1=6.326\%$$

由以上计算可知：$i_甲 < i_乙$，即甲银行的实际年利率 $i_甲$ 比乙银行的实际年利率 $i_乙$ 低，所以应向甲银行贷款。

2.2.4 复利计算参数

1. 时点和时值

现金流量图上，时间轴上的某一点称为时点。在某一时点上发生的效益或费用称为该点的时值。

2. 现值（P）

发生在（或折算为）某一特定时间序列起点的效益或费用称为现值。在借贷关系中，现值表示本金；在项目经济分析中，现值表示发生在某一时间序列起点的效益或费用，或表示其他各时间点（除零点外）发生的效益或费用按某一折现率折算到零点的价值。

3. 终值（将来值、未来值，F）

终值指 n 期末的资金价值或本利和或发生在（或折算为）某一特定时间序列终点的效益或费用。

4. 等额年金（A）

等额年金是指发生在（或折算为）某一特定时间序列各计息期末（不包括零期）的等额数值的资金。

5. 期数（n）

期数是指计算利息的期数或建设项目的寿命期。

6. 折现和折现率（i）

折现又叫贴现，指把将来的现金流量折算为现在的时值（现值）。折现所用的利率叫折现率。

2.3 资金的等值计算及应用

2.3.1 资金的等值计算

1. 资金等值的概念

资金的等值又叫等效值，是指在考虑时间因素的情况下，将不同时间、不同数额的资金按某一折现率折算到某一时点的值，使它具有相等的经济价值。

相同数额的资金发生在不同的时点上，代表着不同的价值，因此，资金必须赋予时间价值的概念，才能反映其真实的意义。例如：现在的100元与1年后的100元在数值相等，但在价值上不等。若年利率为10%，现在的100元1年后本利和为100×（1+10%）=110元，即现在的100元与1年后的110元价值相等，但数值不等。

影响资金等值的因素有三个：资金数额的大小、利率高低、资金发生的时间。其中，利率是一个关键因素，在等值计算中，一般以同一利率为依据。

在建设工程项目经济分析中，等值是一个十分重要的概念，它为我们确定某一经济活动的有效性或者进行方案比选提供了可能。

2. 资金的等值计算

把某一时点上的资金按规定的折现率折算为另一时点上使其价值相等但数额不等的资金值，这一换算过程叫资金的等值计算。实际上，复利计算即为资金的等值计算。

在对建设项目进行多方案经济效果比较时，每个方案的资金支出或收入的形式、发生的时间和数额大小都不同。要对各方案进行经济效果比较，必须将每个方案的所有现金支出或收入折算到某一规定的时间点，在价值相等的前提下再进行比较，即进行资金的等值计算。

2.3.2 资金的等值计算公式及其应用

在方案比选中，资金时间价值的作用使发生在不同时间点上的现金流量价值不同，无法直接比较，必须把发生在不同时间点上的现金流量，按照某一折现率折算到相同的时间点上使其价值相等，再进行比较，即进行资金的等值计算。常用的资金等值计算公式有一次支付复利公式和等额多次支付复利公式。

1. 一次支付复利公式

一次支付又称整付，是指所分析系统的现金流量，无论是流入或是流出，分别在时点上只发生一次。

1）一次支付终值公式（已知 P 求 F）

现有一笔资金 P，年利率为 i，按复利计算，则 n 年末的本利和 F 为多少？即已知 P、i、n，求 F。其现金流量图如图 2-2 所示。

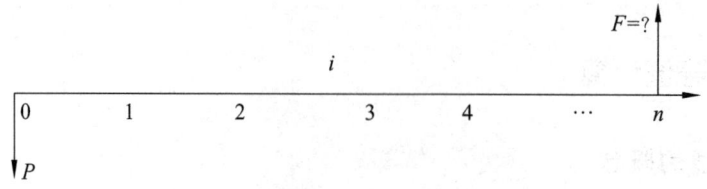

图 2-2 一次支付终值现金流量图

根据复利的定义，n 年末本利和 F 的计算过程见表 2-3。

表 2-3 n 年末复利本利和 F 的计算过程

计息期	期初金额（1）	本期利息额（2）	期末复利本利和 $F_t=(1)+(2)$
1	P	$P \cdot i$	$F_1 = P + P \cdot i = P(1+i)$
2	$P(1+i)$	$P(1+i) \cdot i$	$F_2 = P(1+i) + P(1+i) \cdot i = P(1+i)^2$
3	$P(1+i)^2$	$P(1+i)^2 \cdot i$	$F_3 = P(1+i)^2 + P(1+i)^2 \cdot i = P(1+i)^3$
⋮	⋮	⋮	⋮
n	$P(1+i)^{n-1}$	$P(1+i)^{n-1} \cdot i$	$F_n = P(1+i)^{n-1} + P(1+i)^{n-1} \cdot i = P(1+i)^n$

由表 2-3 可以看出，一次支付 n 年末本利和 F 的计算公式：

$$F = P(1+i)^n \tag{2-18}$$

式中 i——计息周期利率；

n——计息周期数；

P——现值（即现在的资金价值或本金），指资金发生在（或折算为）某一特定时间序列起点时的价值；

F——终值（n 期末的资金时间价值或本利和），指资金发生在（或折算为）某一特定时间序列终点时的价值。

式（2-18）中的 $(1+i)^n$ 称为一次支付终值系数，用 $(F/P, i, n)$ 表示，则式（2-18）又可写成：

$$F = P(F/P, i, n) \tag{2-19}$$

在 $(F/P, i, n)$ 这类符号中，括号内斜线左侧的符号表示所求的未知数，斜线右侧的符号表示已知数。$(F/P, i, n)$ 表示在已知 P、i、n 的情况下求 F 的值。

【例 2-3】 某公司向银行贷款 1 000 万元，年利率为 6%，5 年后一次需支付本利和多少？

【解】 已知 $P = 1 000$ 万元，$i = 6\%$，$n = 5$，求 $F = ?$ 按式（2-18）计算得：

$$F = P(1+i)^n = 1\,000 \times (1+6\%)^5 = 1\,000 \times 1.338\,2 = 1\,338.2 \text{（万元）}$$

2）一次支付现值公式（已知 F 求 P）

若想在 n 年末积累起 F 元，那么在年利率为 i 的情况下，现在应投资多少元？即已知 F、i、n，求 P。其现金流量图如图 2-3 所示。

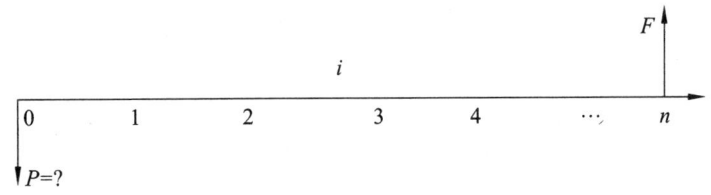

图 2-3 一次支付现值现金流量图

根据一次支付现值公式（已知 F，求 P）。由式（2-18）即可求出现值 P。

$$P = F(1+i)^{-n} \qquad (2\text{-}20)$$

式（2-20）中的 $(1+i)^{-n}$ 称为一次支付现值系数，用（$P/F, i, n$）表示，则式（2-20）又可写成：

$$P = F(P/F, i, n) \qquad (2\text{-}21)$$

在工程经济分析中，一般是将未来时刻的资金价值折算为现在时刻的价值，该过程称为"折现"或"贴现"，其所使用的利率常称为折现率或贴现率。故 $(1+i)^{-n}$ 或（$P/F, i, n$）也称为折现系数或贴现系数。

【例2-4】 某公司希望5年后有2 000万元，用于技术改造，年利率为10%，试问现在需一次存入银行多少？

【解】 已知 F = 2 000万元，i = 10%，n = 5，求 P = ？由式（2-20）得：

$$P = F(1+i)^{-n} = 2\,000 \times (1+10\%)^{-5} = 2\,000 \times 0.620\,9 = 1\,241.8 \text{（万元）}$$

2. 等额多次支付复利公式

在工程实践中，多次支付是最常见的支付形式。多次支付是指现金流量在多个时点上发生，而不是集中在某一个时点上。

1）等额支付序列年金终值公式（已知 A，求 F）

若在 n 年内每年末等额投资 A 元，在年利率为 i 的情况下，n 年年末累积起来的本利和 F 是多少？现金流量图如图2-4所示。

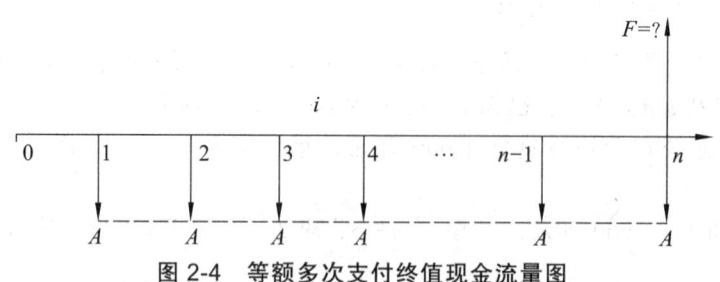

图2-4 等额多次支付终值现金流量图

由图2-4可知：第1年年末投资的 A 元可得 $(n-1)$ 年的利息，即本利和为 $A(1+i)^{n-1}$；第2年年末投资的 A 元可得 $(n-2)$ 年的利息，即本利和为 $A(1+i)^{n-2}$；如此直至第 n 年年末的投资 A 不得利息，本利和仍为 A。于是总数 F 为：

$$F = A(1+i)^{n-1} + A(1+i)^{n-2} + A(1+i)^{n-3} + \cdots + A(1+i)^2 + A(1+i) + A \qquad (a)$$

（a）式两端同乘 $(1+i)$ 得（b）式：

$$F(1+i) = A(1+i)^n + A(1+i)^{n-1} + A(1+i)^{n-2} + \cdots + A(1+i)^2 + A(1+i) \qquad (b)$$

（b）式 –（a）式得：

$$F(1+i) - F = A(1+i)^n - A$$

即 $F \times i = A[(1+i)^n - 1]$

$$F = A\frac{(1+i)^n - 1}{i} \quad (2\text{-}22)$$

式中 $\frac{(1+i)^n - 1}{i}$ 叫作等额支付终值系数，记为（$F/A, i, n$）。故式（2-22）又可表示为：

$$F = A(F/A, i, n) \quad (2\text{-}23)$$

【例 2-5】 张某在 10 年内，每年年末等额存入银行 5 000 元，年利率为 4%，则第 10 年年末的本利和是多少？

【解】 已知 $A = 5\,000$ 元，$i = 4\%$，$n = 10$，求 $F = ?$ 由式（2-22）得：

$$F = A\left[\frac{(1+i)^n - 1}{i}\right] = 5\,000 \times \frac{(1+4\%)^{10} - 1}{4\%} = 5\,000 \times 12.006\,1 = 60\,030.50 \text{（元）}$$

2）等额支付序列偿债基金公式（已知 F，求 A）

在 n 期末要获得 F 元，在年利率为 i 的情况下，以复利计算，每年年末应等额投入资金（或存入银行）多少元？现金流量图如图 2-5 所示。

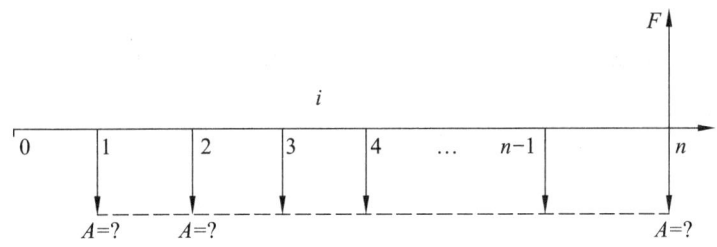

图 2-5 等额多次支付偿债基金现金流量图

等额支付偿债基金公式，可直接由式（2-22）求解 A：

$$A = F\frac{i}{(1+i)^n - 1} \quad (2\text{-}24)$$

式中，$\frac{i}{(1+i)^n - 1}$ 叫作等额支付偿债基金系数，记为（$A/F, i, n$）。故式（2-24）又可表示为：

$$A = F(A/F, i, n) \quad (2\text{-}25)$$

【例 2-6】 某工厂欲在 5 年后进行技术改造，估计需要资金 200 万元，每年年末从利润中提留等额资金存入银行，年利率为 6%，则每年应提留多少资金？

【解】 已知 $F = 200$ 万元，$i = 6\%$，$n = 5$，求 $A = ?$ 由式（2-24）求解 A：

$$A = F\frac{i}{(1+i)^n - 1} = 200 \times \frac{6\%}{(1+6\%)^5 - 1} = 200 \times 0.174\,4 = 35.48 \text{（万元）}$$

3）等额支付序列资金回收公式（已知 P，求 A）

若以年利率为 i 投资 P 元，则在 n 年内的每年年末等额提取多少元（A），就可在 n 年年末将初始投资及利息全部提完？现金流量图如图 2-6 所示。

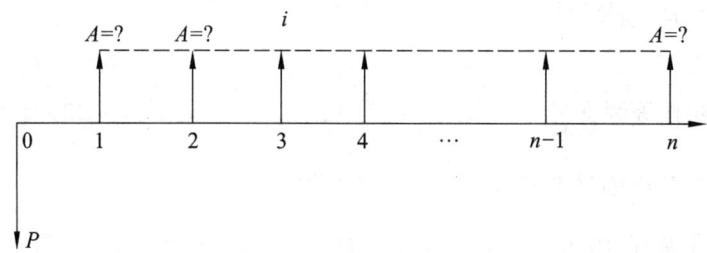

图 2-6 等额多次支付资金回收现金流量图

由等额支付偿债基金公式：

$$A = F\frac{i}{(1+i)^n - 1}$$

用复利本利和公式 $F = P(1+i)^n$ 代入，即得

$$A = P\frac{i(1+i)^n}{(1+i)^n - 1} \tag{2-26}$$

式中，$\dfrac{i(1+i)^n}{(1+i)^n - 1}$ 叫作等额支付资金回收系数，记为 $(A/P, i, n)$。故式（2-26）又可表示为：

$$A = P(A/P, i, n) \tag{2-27}$$

【例 2-7】 若某公司投资 500 万元，年利率为 6%，在 10 年内收回全部本金和利息，则每年应收回多少？

【解】 已知 $P = 500$ 万元，$i = 6\%$，$n = 10$，求 $A = ?$ 由式（2-26）求解 A：

$$A = P\frac{i(1+i)^n}{(1+i)^n - 1} = 500 \times \frac{6\% \times (1 + 6\%)^{10}}{(1 + 6\%)^{10} - 1} = 500 \times 0.135\,9 = 67.95 \text{（万元）}$$

4）等额支付序列年金现值公式（已知 A，求 P）

如果在收益年利率为 i 的情况下，希望在今后的 n 年内，每年年末等额获得收益 A 元，现在必须投入多少元？现金流量图如图 2-7 所示。

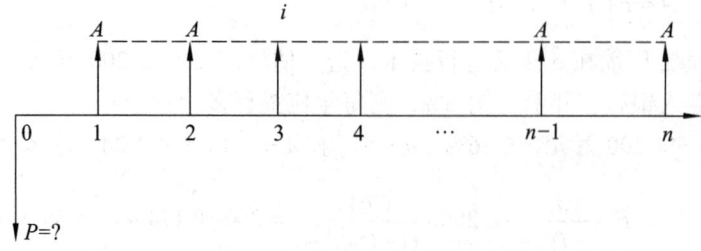

图 2-7 等额多次支付年金现值现金流量图

由等额支付资金回收公式 $A = P\dfrac{i(1+i)^n}{(1+i)^n - 1}$ 得年金现值公式为：

$$P = A\dfrac{(1+i)^n - 1}{i(1+i)^n} \tag{2-28}$$

式中，$\dfrac{(1+i)^n - 1}{i(1+i)^n}$ 叫作等额支付年金现值系数，记为 $(P/A, i, n)$。故式（2-28）又可表示为：

$$P = A(P/A, i, n) \tag{2-29}$$

【例 2-8】 若某公司预计今后 10 年内，每年净收益 100 万元，若年收益率为 8%，则现在应投资多少？

【解】 已知 $A = 100$ 万元，$i = 6\%$，$n = 10$，求 $P = ?$ 由式（2-28）求解 P：

$$P = A\dfrac{(1+i)^n - 1}{i(1+i)^n} = 100 \times \dfrac{(1+8\%)^{10} - 1}{8\% \times (1+8\%)^{10}} = 100 \times 6.710\,1 = 671.01（万元）$$

2.3.3 资金的等值计算公式小结及其应用案例

1. 资金的等值计算公式小结

现将用普通复利法计算资金时间价值的基本公式汇总见表 2-4。

表 2-4 普通复利公式汇总表

普通复利		已知	求	公　　式	
一次支付序列	终值公式	P	F	$F = P(1+i)^n$	$F = P(F/P, i, n)$
	现值公式	F	P	$P = F(1+i)^{-n}$	$P = F(P/F, i, n)$
等额支付序列	年金终值公式	A	F	$F = A\dfrac{(1+i)^n - 1}{i}$	$F = A(F/A, i, n)$
	偿债基金公式	F	A	$A = F\dfrac{i}{(1+i)^n - 1}$	$A = F(A/F, i, n)$
等额支付序列	资金回收公式	P	A	$A = P\dfrac{i(1+i)^n}{(1+i)^n - 1}$	$A = P(A/P, i, n)$
	年金现值公式	A	P	$P = A\dfrac{(1+i)^n - 1}{i(1+i)^n}$	$P = A(P/A, i, n)$

2. 资金的等值计算公式使用注意事项

（1）以计息期数为时点，本期期末即等于下期期初。0 点就是第一期期初，也叫零期；第一期期末即等于第二期期初；依次类推。

（2）P 是在第一个计息期开始时（0 期）发生。

（3）F 发生在考察期期末，即 n 期末。

（4）各期的等额支付年金 A，发生在各期期末。

（5）当问题包括 P 与 A 时，系列的第一个 A 与 P 隔一个计息期，即 P 发生在系列 A 的前一期。

（6）当问题包括 A 与 F 时，系列的最后一个 A 与 F 同时发生。

3. 资金等值计算公式的应用

【例 2-9】 某企业年初投资 3 000 万元，10 年内等额回收本金和利息，若基准收益率为 8%，则每年年末应回收的资金是多少？

【解】 根据题意可知：已知 $P = 3\,000$ 万元，$i = 8\%$，$n = 10$，求 $A = ?$ 即已知现值求年金。

由等额支付资金回收公式得：

$$A = P\frac{i(1+i)^n}{(1+i)^n - 1} = 3\,000 \times \frac{8\%(1+8\%)^{10}}{(1+8\%)^{10} - 1} = 3\,000 \times 0.149\,0 = 447（万元）$$

【例 2-10】 某人欲将每年剩余的资金存入银行，存款利率为 6%，按复利计算，若 10 年内每年年末存款 2 000 元，到第 10 年年末的本利和是多少？

【解】 根据题意可知：已知 $A = 2\,000$ 元，$i = 6\%$，$n = 10$，求 $F = ?$ 即已知年金求终值。

由等额支付年金终值公式得：

$$F = 2\,000 \times \frac{(1+6\%)^{10} - 1}{6\%} = 2\,000 \times 13.180\,8 = 26\,361.60（元）$$

【例 2-11】 某单位预计从现在起连续 3 年每年年末有 4 万元的专项支出，为此准备存入银行一笔专项基金，如果年利率为 12%，复利半年计息一次，现在存入银行专项基金的最小额度是多少？

【解】 根据题意画出现金流量图如 2-8 所示：

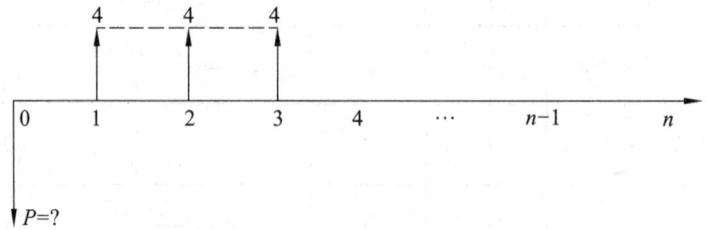

图 2-8 现金流量图

复利半年计息一次，则年实际利率为：

$$i = \left(1 + \frac{r}{t}\right)^t - 1 = \left(1 + \frac{12\%}{2}\right)^2 - 1 = 12.36\%$$

由等额支付年金现值公式得：

$$P = A\frac{(1+i)^n - 1}{i(1+i)^n} = 4 \times \frac{(1+12.36\%)^3 - 1}{12.36\% \times (1+12.36\%)^3} = 4 \times 2.387\,1 = 9.548（万元）$$

【例 2-12】 某工程需要向银行贷款,有 4 家银行可提供贷款,分别为:甲银行年贷款利率 6.12%,按年计息;乙银行年贷款利率 6%,按每季度计息;丙银行年贷款利率 6%,按每月计息;丁银行年贷款利率 6%,按每半年计息。则应选择向哪家银行贷款?

【解】 甲银行按年计息,则年实际利率为:

$$i_甲 = 6.12\%$$

乙银行按每季度计息,则年实际利率为:

$$i_乙 = \left(1+\frac{6\%}{4}\right)^4 - 1 = 6.14\%$$

丙银行按每月度计息,则年实际利率为:

$$i_丙 = \left(1+\frac{6\%}{12}\right)^{12} - 1 = 6.17\%$$

丁银行按每半年计息,则年实际利率为:

$$i_丁 = \left(1+\frac{6\%}{2}\right)^2 - 1 = 6.09\%$$

由以上计算可知:$i_丙 > i_乙 > i_甲 > i_丁$,丁银行的年实际利率最低。因此,应向丁银行贷款。

【例 2-13】 某工程项目建设期为 3 年,建设期内每年年初贷款 500 万元,年利率为 10%,运营期前 3 年每年年末等额偿还贷款本息,到第三期末全部还清,则每年末应偿还贷款本息多少万元?

【解】 根据题意画出现金流量图如 2-9 所示。

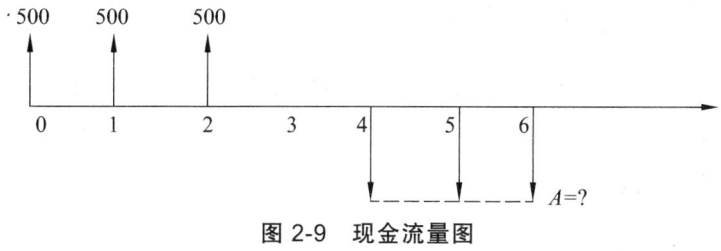

图 2-9 现金流量图

$$A = 500(F/A,10\%,3)(F/P,10\%,1)(A/P,10\%,3)$$
$$= 500 \times \frac{(1+10\%)^3 - 1}{10\%} \times (1+10\%) \times \frac{10\%(1+10\%)^3}{(1+10\%)^3 - 1}$$
$$= 732.05 \text{(万元)}$$

【例 2-14】 某项目建设期为 2 年,建设期内每年年初分别贷款 600 万元和 900 万元,年利率为 10%。若在运营期前 5 年内每年年末等额偿还贷款本息,则每年应偿还多少万元?

【解】 根据题意画出现金流量图如 2-10 所示。

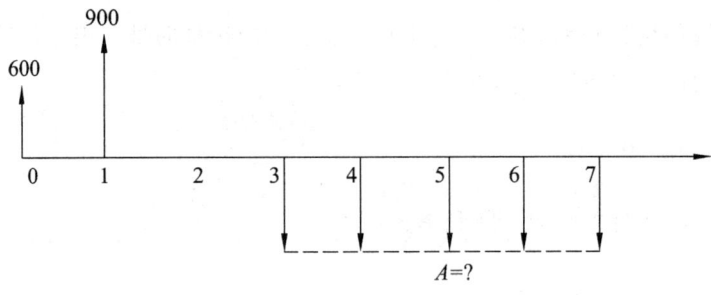

图 2-10 现金流量图

$$A = [600 \times (F/P, 10\%, 2) + 900 \times (F/P, 10\%, 1)](A/P, 10\%, 5)$$
$$= (600 \times 1.21 + 900 \times 1.1) \times 0.263\ 8$$
$$= 452.68\ (万元)$$

【例 2-15】 在年利率为 6% 的情况下，经过多少时间可使本金翻倍？

【解】 根据题意可知：已知 P，$F = 2P$，$i = 6\%$，求 $n = ?$

由一次支付终值公式：

$$F = P(1+i)^n$$

得

$$2P = P(1+6\%)^n$$

$$(1+6\%)^n = 2$$

用内插法：取 $n_1 = 11$ 时，$(1+6\%)^{11} = 1.898\ 3$；$n_2 = 12$ 时，$(1+6\%)^{12} = 2.012\ 2$。则

$$n = 11 + \frac{2 - 1.898\ 3}{2.012\ 2 - 1.898\ 3} \times (12 - 11) = 11.89\ (年)$$

【例 2-16】 某人在 15 年前投资 10 万元，如今收益 25 万元，此次投资的收益率是多少？

【解】 根据题意可知：已知 $P = 10$ 万元，$F = 25$ 万元，$n = 15$，求 $i = ?$

由一次支付终值公式：

$$F = P(1+i)^n$$

得

$$(1+i)^{15} = 2.5$$

用内插法：取 $i_1 = 6\%$ 时，$(1+6\%)^{15} = 2.396\ 6$；$i_2 = 6.5\%$ 时，$(1+6.5\%)^{15} = 2.571\ 8$。则

$$i = 6\% + \frac{2.5 - 2.396\ 6}{2.571\ 8 - 2.396\ 6} \times (6.5\% - 6\%) = 6.295\%$$

本章小结

建设工程项目经济分析需要首先确定特定环境下工程技术方案的投资、成本、收入、利润和税金等方面的基本数据，这些构成了工程经济分析的基本经济要素。

一个建设项目在某一个时期内各年的现金流入和现金流出统称为现金流量，现金流入与现金流出的代数和称为净现金流量。表示现金流量的图示称为现金流量图，画现金流量图要遵循一定的原则，在现金流量图中要表示资金的三要素：资金数额的大小、资金发生的时间、资金的性质（收入或支出）。

资金与劳动相结合，随着时间的推移会产生增值，这一特性叫资金的时间价值。衡量资金时间价值的尺度有两种：一种是绝对尺度，即利息和利润；另一种是相对尺度，即利息率和利润率。计算资金时间价值的尺度（即利息）有两种方法：单利法和复利法。由于复利法更能充分体现资金的时间价值，所以在没有特别指明时，一般按复利法计算。当一年内计息多次时，就有实际利率和名义利率之分。

资金等值是指在考虑资金时间价值的条件下，不同时间点上数额不等的资金可以具有相同的经济价值。利用资金等值的概念可以把某一时点上的资金按一定的折现率换算为另一时点上使其价值相等但数额不等的资金值，这一换算过程叫资金的等值计算。

资金等值计算的基本公式有 6 个，即：一次支付的终值公式和现值公式，终值系数与现值系数互为倒数关系；等额支付的年金终值公式和偿债基金公式，年金终值系数与偿债基金系数互为倒数关系；等额支付资金回收公式和年金现值公式，资金回收系数与年金现值系数互为倒数关系。具体公式见表 2-4。在等值计算时应区分现值、终值和年金的概念，并掌握它们之间的相互换算公式。

复习思考题

1. 什么是资金的时间价值？
2. 什么是现金流量和现金流量图？如何绘制现金流量图？
3. 什么是利息和利率？计算利息的方法单利法和复利法有什么区别？
4. 什么是名义利率和实际利率？二者有什么关系？
5. 什么是资金的等值和资金的等值计算？影响资金等值的因素有哪些？常用的资金等值计算公式主要有哪些？
6. 某人向银行贷款 10 万元，贷款期 5 年，年利率 6%，5 年后一次还清，试用单利法和复利法计算贷款利息和本利和。
7. 某人购房贷款 20 万元，年利率 8%，10 年内按月等额本息偿还，每月应偿还多少？
8. 假定利率为 4%，需要多少年可使 1 万元变成 2 万元？
9. 某人期望 5 年内每年年末从银行提款 1 万元，年利率为 10%，按复利计算，期初应存入银行多少钱？

10. 现存款2万元，年利率为10%，半年计息一次，第5年年末存款余额为多少？

11. 某项目建设期为2年，建设期内第1年年初和第2年年初分别贷款1 000万元和2 000万元，年利率为8%，若运营期前5年每年年末等额偿还贷款本息，到第5年全部还清，则每年年末偿还贷款本息多少万元？

12. 某企业拟实施一项技术方案，预计2年后该技术方案投入运营并获利，技术方案运营期为10年，各年净收益为500万元，每年净收益的80%可用于偿还贷款。银行贷款利率为6%，复利计息，运营期前6年等额本息偿还，如运营期各年年末还款，则该企业期初最大贷款额度为多少？

犹抱答案半遮面

第3章 建设工程项目技术方案经济效果评价指标与方法

教学目标：
- 了解经济效果评价的内容及指标体系
- 掌握静态、动态评价指标的概念及计算方法，并能灵活用于建设工程项目的评价
- 掌握多方案比选的方法，并能针对实际项目进行方案的比选

3.1 建设工程项目技术方案经济效果评价的内容及指标体系

3.1.1 经济效果评价的内容

经济效果评价是指对评价方案计算期内各种有关技术经济因素和方案投入与产出的有关财务、经济资料数据进行调查、分析、预测，对方案的经济效果进行计算、评价，分析比较各方案的优劣，从而确定和推荐最佳方案的过程。

投资方案的经济效果评价内容主要包括：

（1）盈利能力分析，即分析和测算投资方案计算期的盈利能力和盈利水平。

（2）清偿能力分析，即分析和测算投资方案偿还贷款的能力和投资的回收能力。

（3）抗风险能力分析，即分析投资方案在建设期和运营期可能遇到的不确定因素和随机因素对项目经济效果的影响程度，考察项目承受各种投资风险的能力。

3.1.2 经济效果评价的基本方法

经济效果评价是建设工程项目经济分析的核心内容，其目的在于确保决策的正确性和科学性，避免或最大限度地减少投资方案的风险，明了投资方案的经济效果水平，最大限度地提高项目投资的综合经济效益。因此，正确选择经济效果评价的方法十分重要。

经济效果评价的基本方法包括确定性评价方法和不确定评价方法。对同一投资方案，必须同时进行确定性评价和不确定性评价。

按是否考虑资金的时间价值，经济效果评价方法可分为静态评价方法和动态评价方法。静态评价方法不考虑资金的时间价值，其最大特点是计算简便，适用于方案的初步评价，

或对短期投资项目进行评价,以及对于逐年收益大致相等的项目评价。

动态评价方法考虑资金的时间价值,能全面地反映投资方案整个计算期的经济效果。因此,在进行评价比较时,一般以动态评价方法为主。

3.1.3 经济效果评价的指标体系

投资方案经济效果评价指标不是唯一的,根据不同的评价深度要求和可获得资料的多少,以及项目本身所处的条件不同,可选用不同的评价指标。这些指标有主有次,可以从不同侧面反映投资方案的经济效果。

按是否考虑资金的时间价值,经济效果评价指标体系可分为静态评价指标和动态评价指标,如图 3-1 所示。

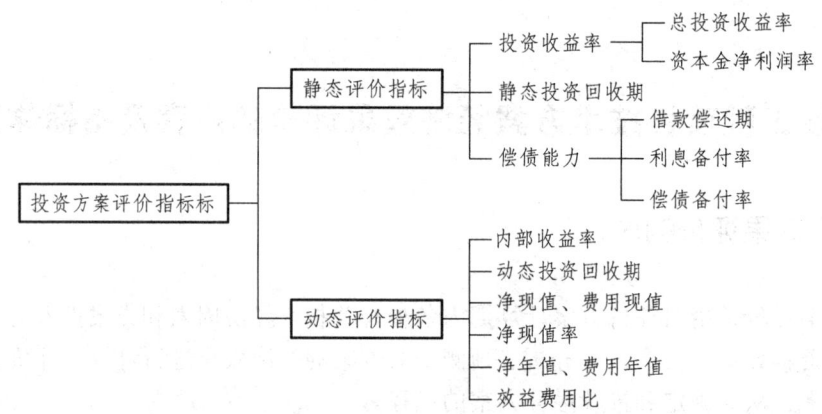

图 3-1 投资方案经济评价指标体系

上述指标还可以分为时间性指标(静态投资回收期、动态投资回收期、借款偿还期)、价值性指标(净现值、费用现值、净年值、费用年值)和比率性指标(投资收益率、利息备付率、偿债备付率、内部收益率等)。

1. 投资收益率

投资收益率是指投资方案达到设计生产能力后一个正常年份的年净收益总额与方案投资总额的比率。它反映投资方案正常年份中,单位投资每年所创造的年净收益额。若为运营期内各年的净收益额变化较大的方案,可计算运营期年平均净收益额与投资总额的比率。

1)计算公式

$$投资收益率(R) = \frac{年净收益或年平均净收益}{投资总额} \times 100\% \quad (3-1)$$

2)评价准则

将计算出的投资收益率(R)与所确定的基准投资收益率(R_0)进行比较:

（1）若 $R \geq R_0$，则方案在经济上可以接受。

（2）若 $R < R_0$，则方案在经济上不可行。

3）投资收益率的应用指标

根据分析目的的不同，投资收益率又可分为：总投资收益率（ROI）和资本金净利润率（ROE）。

（1）总投资收益率（ROI），表示项目总投资的盈利水平。

$$ROI = \frac{EBIT}{TI} \times 100\% \qquad (3-2)$$

式中　EBIT——项目达到设计生产能力后正常年份的年息税前利润或运营期内年平均息税前利润；

　　　TI——项目总投资。

总投资收益率高于同行业的收益率参考值，表明用总投资收益率表示的项目盈利能力满足要求。

（2）资本金净利益率（ROE），表示项目资本金的盈利水平。

$$ROE = \frac{NP}{EC} \times 100\% \qquad (3-3)$$

式中　NP——项目达到设计生产能力后正常年份的年净利润或运营期内年平均净利润；

　　　EC——项目资本金。

资本金净利润率高于同行业的净利润率参考值，表明用项目资本金净利润率表示的项目盈利能力满足要求。

4）投资收益率指标的优点与不足

优点：投资收益率指标的经济意义明确、直观，计算简便，在一定程度上反映了投资效果的优劣，可适用于各种投资规模。

不足：没有考虑投资收益的时间因素，忽略了资金具有时间价值的重要性；指标计算的主观随意性太强，选择正常生产年份比较困难。因此，以投资收益率指标作为主要的决策依据不太可靠。

【例3-1】 某建设项目建设期2年，运营期8年，建设投资（不含建设期利息）为7 000万元，其中：第1年自有资金投入4 000万元；第2年年初贷款投入3 000万元，贷款利率为8%。流动资金800万元，全部为自有资金。运营期各年净收益均为1 300万元，该项目投资收益率为多少？

【解】　在项目财务费用估算中，投资主要包括建设投资、建设期贷款利息、流动资金三部分。其中：建设投资为7 000万元，流动资金为800万元，建设期贷款利息为3 000×8% = 240万元，则总投资为：7 000 + 800 + 240 = 8 040万元。

$$\begin{aligned}投资收益率(R) &= \frac{年净收益或年平均净收益}{投资总额} \times 100\% \\ &= \frac{1\ 300}{8\ 040} \times 100\% \\ &= 16.17\%\end{aligned}$$

2. 投资回收期

投资回收期是反映投资方案清偿能力的重要指标,分为静态投资回收期和动态投资回收期。

1)静态投资回收期

静态投资回收期是在不考虑资金时间价值的条件下,以项目的净收益回收其全部投资所需的时间。投资回收期可以自项目建设开始年算起,也可以自项目投产年开始算起,但应予以注明。

(1)计算公式。自建设开始年算起,投资回收期 P_t(以年表示)的计算公式如下:

$$\sum_{t=0}^{P_t}(CI-CO)_t = 0 \quad (3-4)$$

式中　P_t——静态投资回收期;
　　　$(CI-CO)_t$——第 t 年净现金流量。

静态投资回收期可根据现金流量表计算,其具体又可分为以下两种情况:

① 项目建成后各年的净收益(净现金流量)均相同,则静态投资回收期的计算公式如下:

$$P_t = \frac{TI}{A} \quad (3-5)$$

式中　P_t——静态投资回收期;
　　　TI——项目总投资;
　　　A——每年的净效益,即 $A=(CI-CO)_t$。

【例 3-2】　某建设项目建设期为 2 年,建设期内每年年初投资 1 000 万元,运营期为 8 年,运营期每年年末净收益为 600 万元,该项目的静态投资回收期是多少?

【解】

$$P_t = \frac{TI}{A} = \frac{2\,000}{600} = 3.33 \text{(年)}$$

静态投资回收期若自建设开始年算起为 2 + 3.33 = 5.33 年;若自项目投产年算起则为 3.33 年。

② 项目建成后各年的净收益(净现金流量)不相同,则静态投资回收期可根据累计净现金流量求得,计算公式如下:

$$P_t = (\text{累计净现金流量出现正值的年份数} - 1) + \frac{\text{上一年累计净现金流量的绝对值}}{\text{出现正值年份的净现金流量}} \quad (3-6)$$

(2)评价准则。

将计算出的静态投资回收期(P_t)与所确定的基准投资回收期(P_0)进行比较:

① 若 $P_t \leq P_0$,表明项目投资能在规定时间内收回,则项目(或方案)在经济上可以接受。

② 若 $P_t > P_0$,则项目(或方案)在经济上不可行。

2）动态投资回收期

动态投资回收期是将投资方案各年的净现金流量按基准收益率折算成现值之后，再来推算投资回收期，这是它与静态投资回收期的根本区别。动态投资回收期就是累计净现值等于零时的年份。

动态投资回收期的表达式为：

$$\sum_{t=0}^{P_t'}(CI-CO)_t(1+i_0)^{-t}=0 \tag{3-7}$$

式中　P_t'——动态投资回收期；

i_0——基准收益率。

在实际应用中，可根据项目现金流量表用下列近似公式计算：

$$P_t'=(累计净现值出现正值的年份数-1)+\frac{上一年累计净现值的绝对值}{出现正值年份的净现金流量现值} \tag{3-8}$$

一般情况下，若 $P_t'<n$（计算期），则有 $IRR>i_0$ 和 $NPV>0$，因此项目可行；若 $P_t'>n$（计算期），则项目不可行。

【例 3-3】 某投资方案的投资及年净收入如表 3-1 所示，基准收益率为 $i_0=10\%$，该方案的静态投资回收期和动态投资回收期是多少？（基准投资回收期 $P_0=5$ 年）

表 3-1　某投资方案的投资及年净收入表

项目	年份								
	0	1	2	3	4	5	6	7	8
（1）固定资产投资	180	260	80						
（2）流动资金			250						
（3）总投资=（1）+（2）	180	260	330						
（4）现金流入				400	500	600	800	800	800
（5）现金流出	180	260	330	200	250	250	300	300	300
（6）净现金流量=（4）-（5）	-180	-260	-330	200	250	350	500	500	500
（7）净现金流量累计	-180	-440	-770	-570	-320	30	530	1 030	1 530
（8）折现系数	1.00	0.909 1	0.826 4	0.751 3	0.683 0	0.620 9	0.564 5	0.513 2	0.466 5
（9）净现金流量现值=（6）×（8）	-180	-236.37	-272.71	150.26	170.75	217.32	282.25	256.60	233.25
（10）净现金量现值累计	-180	-416.37	-689.08	-538.82	-368.07	-150.75	131.50	388.10	621.35

【解】 根据表 3-1 的计算及公式得：

静态投资回收期

$$P_t = (累计净现金流量出现正值的年份数 - 1) + \frac{上一年累计净现金流量的绝对值}{出现正值年份的净现金流量}$$

$$P_t = 5 - 1 + \frac{|-320|}{350} = 4.91（年）$$

动态投资回收期

$$P_t' = (累计净现值出现正值的年份数 - 1) + \frac{上一年累计净现值的绝对值}{出现正值年份的净现金流量现值}$$

$$P_t' = 6 - 1 + \frac{|-150.75|}{282.25} = 5.53（年）$$

通过以上计算，该方案的静态投资回收期 $P_t = 4.91$ 年 $< P_0 = 5$ 年，动态投资回收期 $P_t' = 5.53$ 年 $<$ 计算期 8 年，因此该投资方案可以接受。

3）投资回收期指标的优点与不足

优点：投资回收期指标容易理解，计算简便，在一定程度上反映了资本的周转速度。

不足：投资回收期没有全面考虑投资方案整个计算期内的现金流量，即：只考虑投资回收期之前的效果，不能反映投资回收期之后的情况，以及无法准确衡量投资方案在整个计算期内的经济效果。静态投资回收期没有考虑资金的时间价值，因此，只能作为辅助评价指标。

3. 偿还能力指标

1）借款偿还期

借款偿还期是指根据国家财政规定及投资项目的具体财务条件，以项目可作为偿还贷款的收益（利润、折旧及其他收益）来偿还项目投资借款本金和利息所需的时间。

（1）计算公式。借款偿还期的表达式如下：

$$P_d = (借款偿还出现盈余的年份 - 1) + \frac{当年应偿还借款额}{当年可用于还款的收益额} \quad (3-9)$$

（2）评价准则。借款偿还期满足贷款机构的要求期限时，即认为项目具有借款偿债能力。

借款偿还期指标适用于按最大偿还能力、尽快还款的项目，不适用于预先给定借款偿还期的项目。对于预先给定借款偿还期的项目，应采用利息备付率和偿债备付率指标分析项目的偿债能力。

【例 3-4】 某建设项目建设期为 2 年，运营期为 6 年，建设期每年贷款 1 000 万元（表 3-2），贷款利率为 6%（按年计息），该项目的借款偿还期是多少？

表 3-2　某建设项目借款资金投入及收益表　　　　　　单位：万元

序号	项目	建设期		生产期					
		1	2	3	4	5	6	7	8
1	年初欠款累计	0	1 030	2 121.80	1 914.11	1 341.96	731.48		
2	本年新增借款	1 000	1 000						
3	本年应付利息	30	91.8	127.31	114.85	80.52	43.89		
4	本年偿还本息	0	0	335	687		775.37		
5	还款资金来源	0	0	335	687	691	801		
5.1	税后利润			−50	302	306	416	508	664
5.2	折旧费			295	295	295	295	295	295
5.3	摊销费			90	90	90	90	90	90

借款偿还期为：$6-1+\dfrac{775.37}{801}=5.97$（年）

说明：

① 年初欠款累计等于上年年初欠款累计加上年新增借款及未付利息，减去上年还本后的余额。

② 本年应付利息按年初欠款累计和本年新增借款的一半为基数，按 6% 的年利率计算。

2）利息备付率（ICR）

利息备付率（ICR）也称已获利息倍数，是指投资方案在借款偿还期内的息税前利润（EBIT）与当期应付利息（PI）的比值。利息备付率从付息资金来源的充裕性角度反映投资方案偿付债务利息的保障程度。

（1）计算公式：

$$ICR = \frac{EBIT}{PI} \tag{3-10}$$

式中　ICR——利息备付率；

　　　$EBIT$——息税前利润；

　　　PI——计入总成本费用的应付利息。

（2）评价准则。利息备付率应分年计算。利息备付率越高，表明利息偿付的保障程度越高。利息备付率应大于 1，并结合债权人的要求确定。

3）偿债备付率（DSCR）

偿债备付率（DSCR）是指投资方案在借款偿还期内各年可用于还本付息的资金与当期应还本付息金额的比值。偿债备付率表明可用于还本付息的资金偿还借款本息的保障程度。

（1）计算公式：

$$DSCR = \frac{EBITDA - T_{AX}}{PD} \tag{3-11}$$

式中 $DSCR$——偿债备付率；

$EBITDA$——息税前利润加折旧和摊销；

T_{AX}——企业所得税；

PD——应还本付息额，包括偿还本金和计入总成本费用的全部利息。

（2）评价准则。偿债备付率应分年计算。偿债备付率越高，表明可用于还本付息的资金保障程度越高。偿债备付率应大于1，并结合债权人的要求确定。

4．现值法

1）净现值（NPV）

净现值（NPV）是反映投资方案在计算期内获利能力的动态评价指标。投资方案的净现值是指将方案整个计算期内各年净现金流量按某一折现率折算到计算期初的累计值。

（1）计算公式：

$$NPV = \sum_{t=0}^{n}(CI-CO)_t(1+i_0)^{-t} \tag{3-12}$$

式中 NPV——净现值；

$(CI-CO)_t$——第 t 年的净现金流量（应注意"＋""－"）；

i_0——基准折现率；

n——投资方案的计算期。

（2）评价准则。净现值是评价项目盈利能力的绝对指标。$NPV=0$，表明该方案可以收回投资而且恰好取得既定的收益率（基准收益率）；$NPV>0$，表明该方案不仅可以收回投资，而且取得比既定收益率更高的收益；$NPV<0$，表明该方案不能达到既定的收益率，不能收回投资。

① 当方案 $NPV \geqslant 0$ 时，说明方案能满足基准收益率要求的盈利水平，故在经济上是可行的。

② 当方案 $NPV<0$ 时，说明方案不能满足基准收益率要求的盈利水平，故在经济上是不可行的。

（3）净现值指标的优点与不足。

优点：

① 净现值指标考虑了资金的时间价值，并全面考虑了项目在整个计算期内的经济情况；

② 经济意义明确直观，能够直接以金额表示项目的盈利水平，判断直观。

不足：

① 必须首先确定一个符合经济现实的基准收益率；

② 在互斥方案比选时，各方案的寿命期要相同，若寿命期不等，必须构造一个相同的分析期，才能进行方案比选。

2）净现值率（NPVR）

净现值率（NPVR）是在净现值（NPV）的基础上发展起来的，可作为NPV的一种辅助评价指标。净现值率是项目净现值与项目全部投资现值之比，其经济含义是单位投资现值所能带来的净现值,是一个考察项目单位投资盈利能力的指标。由于净现值不直接考虑项目投资额的大小,故为了考虑投资的利用率,常用净现值率作为净现值的辅助评价指标。

(1)计算公式:

$$NPVR = \frac{NPV}{I_p} \quad (3\text{-}13)$$

$$I_p = \sum_{t=0}^{m} I_t (1+i_0)^{-t} \quad (3\text{-}14)$$

式中 I_p——投资现值之和;

I_t——第 t 年投资额;

m——建设期年数。

(2)评价准则。对于独立方案评价,$NPVR \geqslant 0$,方案可以接受。对于多方案比选,凡 $NPVR < 0$ 的方案先淘汰,在余下方案中,应与投资额、净现值结合起来选择方案。

【例 3-5】 某投资方案的净现金流量如表 3-3,若基准收益率 $i_0 = 10\%$,试计算该方案的净现值及净现值率,并判断该方案是否可以接受。

表 3-3 某投资方案净现金流量表　　　单位:万元

年份	0	1	2	3	4	5	6	7	8
净现金流量	-1 200	-800	400	500	600	600	600	600	600

【解】 由公式(3-12)得:净现值

$$NPV = \sum_{t=0}^{n} (CI - CO)_t (1+i_0)^{-t}$$

$$NPV = -1\,200 - 800(P/F,10\%,1) + 400(P/F,10\%,2) + \\ 500(P/F,10\%,3) + 600(P/A,10\%,5)(P/F,10\%,3)$$

$$= 487.75 \text{(万元)}$$

由公式(3-13):

$$I_p = \sum_{t=0}^{m} I_t (1+i_0)^{-t}$$

得

$$I_p = 1\,200 + 800(P/F,10\%,1) = 1\,927.28 \text{(万元)}$$

$$NPVR = \frac{NPV}{I_p} = \frac{487.75}{1\,927.28} = 0.253$$

由以上计算可知:$NPV = 487.75$(万元)> 0,$NPVR = 0.253 > 0$,该方案可以接受。

3)费用现值(PC)

在对多个方案进行比较时,如果几个方案的产出价值相同,或者各方案都能满足同样的需要,但其收益或效益难以用价值形态计量,则可以通过比较各方案的费用,即将各方案寿命期内投资及运营费用折算到项目投资初期的费用现值的累计值，然后进行比较。费用现值越小，方案越优。

费用现值的计算公式：

$$PC = \sum_{t=0}^{n}(I_t + C_t)(1+i_0)^{-t} - (S+W)(1+i_0)^{-n} \qquad (3\text{-}15)$$

式中　PC——费用现值；

　　　I_t——第 t 年的投资费用；

　　　C_t——第 t 年的运营费用；

　　　S——计算期末回收的固定资产余值；

　　　W——计算期末回收的流动资金；

　　　n——项目的寿命期；

　　　i_0——基准收益率。

【例 3-6】　某工程项目需对起重设备进行评选，合同工期为 8 年。为选择设备购置方案，提出以下两种方案可供评选，每个方案提供服务的满意程度是等同的，年折现率为 10%，试问应采用哪种方案较好？

方案 I：3 台 A 型塔式起重机，每台原价为 80 000 元，使用 8 年后的剩余值为 10 000 元；每年每台起重机的维修费为 4 000 元，而在第 3 年年末每台需花费 12 000 元进行大修；每台起重机驾驶员工资为 6 000 元。

方案 II：1 台 A 型塔式起重机，4 台 B 型塔式起重机，每台 B 型起重机原价为 32 000 元，使用 8 年后，B 型塔式起重机的剩余价值为 2 500 元，B 型塔式起重机每台每年的维修费维为 2 500 元，在第 4 年年末进行大修，每台需 10 000 元，B 型塔式起重机驾驶员工资与 A 型相同。

【解】　方案 I：A 型塔式起重机 3 台

购置费：80 000 × 3 = 240 000（元）= 24（万元）

年维修费：4 000 × 3 = 12 000（元）= 1.2（万元）

大修费（第 3 年年末）：12 000 × 3 = 36 000（元）= 3.6（万元）

年工资：6 000 × 3 = 18 000（元）= 1.8（万元）

残值：10 000 × 3 = 30 000（元）= 3（万元）

现金流量图如图 3-2 所示。

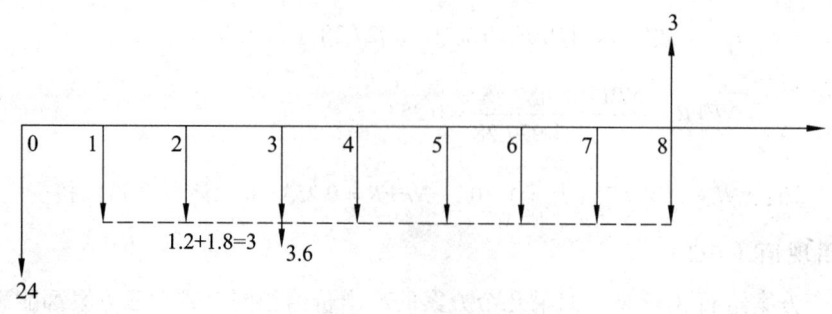

图 3-2　现金流量图

由公式（3-15）得方案Ⅰ的费用现值为：

$$PC = \sum_{t=0}^{n}(I_t + C_t)(1+i_0)^{-t} - (S+W)(1+i_0)^{-n}$$

$$\begin{aligned}PC_{\text{I}} &= 24 + 3(P/A,10\%,8) + 3.6(P/F,10\%,3) - 3(P/F,10\%,8)\\ &= 24 + 3\times 5.334\,9 + 3.6\times 0.751\,3 - 3\times 0.466\,5\\ &= 41.31\,(万元)\end{aligned}$$

方案Ⅱ：A型塔式起重机1台，B型塔式起重机4台。
购置费：$32\,000\times 4 + 80\,000 = 208\,000$（元）$= 20.8$（万元）
年维修费：$2\,500\times 4 + 4\,000 = 14\,000$（元）$= 1.4$（万元）
大修费（A型）（第3年年末）：$12\,000$（元）$= 1.2$（万元）
大修费（B型）（第4年年末）：$10\,000\times 4 = 40\,000$（元）$= 4$（万元）
年工资：$6\,000\times 5 = 30\,000$（元）$= 3$（万元）
残值：$2\,500\times 4 + 10\,000 = 20\,000$（元）$= 2$（万元）
现金流量图如图3-3所示。

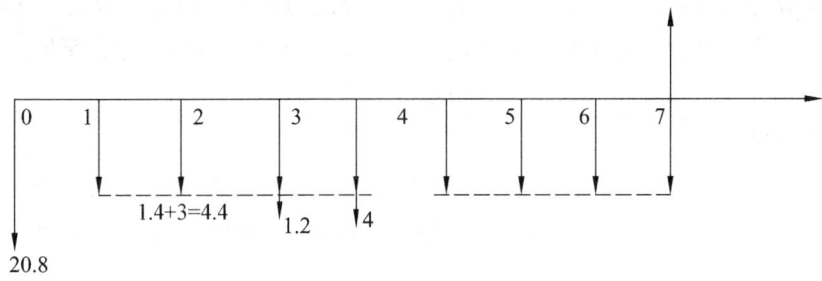

图3-3 现金流量图

由公式（3-15）得方案Ⅱ的费用现值：

$$PC = \sum_{t=0}^{n}(I_t + C_t)(1+i_0)^{-t} - (S+W)(1+i_0)^{-n}$$

$$\begin{aligned}PC_{\text{Ⅱ}} &= 20.8 + 4.4(P/A,10\%,8) + 1.2(P/F,10\%,3) + 4(P/F,10\%,4) -\\ &\quad 2(P/F,10\%,8)\\ &= 20.8 + 4.4\times 5.334\,9 + 1.2\times 0.751\,3 + 4\times 0.683\,0 - 2\times 0.466\,5\\ &= 46.97\,(万元)\end{aligned}$$

两种方案对比，第一种方案费用现值少于第二种方案，因此第一种方案优于第二种方案。
应用费用现值时应注意：
（1）被比较方案应具有相同的产出价值，或能满足相同需要。
（2）要求被比较的方案具有相同的计算期。

5. 年值法

年值法是指按给定的基准收益率，通过等值换算，将方案计算期内各个不同时点的现金流量分摊到计算期内的各年，计算出不同方案的等额年值的方法。与现值法对应，有净年值和费用年值两个指标。

1）净年值（NAV）

净年值是通过资金的等值换算，将项目的净现值分摊到寿命期内的各年（第 1 年到第 n 年）的等额年值。

（1）净年值计算公式：

$$NAV = \left[\sum_{t=0}^{n}(CI-CO)_t(1+i_0)^{-t}\right](A/P,i_0,n) \tag{3-16}$$

或

$$NAV = NPV(A/P,i_0,n) \tag{3-17}$$

式中　NAV——净年值；

$(A/P,i_0,n)$——等额支付序列资金回收系数。

它与前述的净现值（NPV）的相同之处是，两者都要在给定基准收益率的基础上进行计算；不同之处是，净现值将投资方案各年净现金流量换算为计算期初的现值，而净年值是将净现金流量换算为等额年值。由于同一现金流量的现值与等额年值是等价的（或等效的），因此，净现值法和净年值法在方案评价中得出的结论是一致的。而在多方案评价时，特别是各方案的寿命期不同时，应用净年值比净现值更为方便。

（2）评价准则。

① 当方案 $NAV \geq 0$ 时，说明方案能满足基准收益率要求的盈利水平，故在经济上是可行的。

② 当方案 $NAV < 0$ 时，说明方案不能满足基准收益率要求的盈利水平，故在经济上是不可行的。

【例 3-7】　某投资方案的净现金流量如表 3-4，若基准收益率 $i_0=10\%$，试计算该方案的净现值及净年值，并判断该方案是否可以接受。

表 3-4　某投资方案净现金流量表　　　　　　　　单位：万元

年份	0	1	2	3	4	5	6	7	8
净现金流量	-100	-80	40	60	60	60	60	60	60

【解】　方案净现值：

$$\begin{aligned}NPV &= -100-80(P/F,10\%,1)+40(P/F,10\%,2)+\\&\quad 60(P/A,10\%,6)(P/F,10\%,2)\\&=-100-80\times0.909\ 1+40\times0.826\ 4+60\times4.355\ 3\times0.826\ 4\\&=76.28\ (万元)\end{aligned}$$

该方案的净年值：

$$NAN = NPV(A/P,10\%,8) = 76.28\times0.187\ 4 = 14.29（万元）$$

由以上计算可知：$NPV = 76.28 > 0$，$NAV = 14.29 > 0$。因此，该方案可以接受。

2）费用年值（AC）

费用年值是通过资金的等值换算，将项目的费用现值分摊到寿命期内的各年（第1年到第n年）的等额年值。费用年值越小，方案越优。

费用年值计算公式：

$$AC = \left[\sum_{t=0}^{n}(I_t + C_t)(1+i_0)^{-t} - (S+W)(1+i_0)^{-n}\right](A/P, i_0, n) \quad (3-18)$$

或

$$AC = PC(A/P, i_0, n) \quad (3-19)$$

式中　AC——费用年值；

$(A/P, i_0, n)$——等额支付序列资金回收系数。

【例3-8】　某项目有两个施工工艺方案，均能满足同样的需要，其费用数据如表3-5，若基准收益率为8%，试计算两个方案的费用年值，哪个方案较优？

表3-5　两个工艺方案的费用数据表　　　　　　　　　单位：万元

方案	总投资（第0年）	年运营费用（第1年到第10年）
A	200	60
B	300	35

【解】　各方案的费用年值计算如下：

$$AC_A = 200(A/P, 8\%, 10) + 60 = 200 \times 0.1490 + 60 = 89.80 \text{（万元）}$$

$$AC_B = 300(A/P, 8\%, 10) + 35 = 300 \times 0.1490 + 35 = 79.70 \text{（万元）}$$

根据费用最小的选优准则，方案B的费用较小，因此，B方案优于A方案。

6. 内部收益率（IRR）

内部收益率（IRR）是使投资方案净现值等于零时的折现率，即在该折现率时，项目的现金流入现值之和等于其现金流出的现值之和。

对具有常规现金流量（即在计算期内，开始有支出而后才有收益，而且方案的净现金流量序列的符号只改变一次的现金流量）的投资方案，其净现值的大小与折现率的高低有直接的关系。若已知某投资方案各年的净现金流量，则该方案的净现值就完全取决于所选用的折现率。即净现值是折现率的函数，其表达式如下：

$$NPV(i) = \sum_{t=0}^{n}(CI - CO)_t(1+i_0)^{-t} \quad (3-20)$$

建设工程项目经济中常规投资项目的净现值函数曲线在 $-1 < i < +\infty$（对大多数建设工程经济实际问题来说是 $0 < i < +\infty$）内是单调下降的，且递减率逐渐减少。即随着折现率的逐渐

增大，净现值将由大变小，由正变负，NPV 与 i 之间的关系一般如图 3-4 所示。

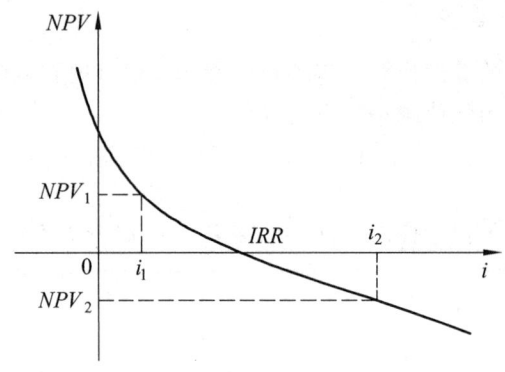

图 3-4 净现值函数曲线

按照净现值的评价准则，只要 $NPV(i) \geq 0$，方案或项目就可以接受，但由于 $NPV(i)$ 是 i 的递减函数，故折现率定得越高，方案被接受的可能性就越小。显然，i 可以大到使 $NPV(i)=0$，这时 $NPV(i)$ 曲线与横轴相交，i 达到了其临界值 i^*。可以说，i^* 是净现值评价准则的一个分水岭，i^* 即为内部收益率（IRR）。其实质是使投资方案在计算期内各年净现金流量的现值累计等于零时的折现率。

1）计算公式

对常规投资项目，内部收益率就是净现值为零时的收益率，其数学表达式为：

$$NPV(IRR) = \sum_{t=0}^{n}(CI-CO)_t(1+IRR)^{-t} = 0 \qquad (3-21)$$

式中　IRR——内部收益率。

内部收益率是一个未知的折现率，由式（3-21）可知，求方程式中的折现率需解高次方程，不易求解。在实际工作中，一般是通过计算机进行计算，手算时用试算法确定内部收益率（IRR）。

试算法确定 IRR 的基本原理：首先试用 i_1 计算，使得 $NPV_1 > 0$；再试用 $i_2(i_2 > i_1)$，使得 $NPV_2 < 0$。则使得 $NPV = 0$ 时的 IRR 一定在 i_1 至 i_2 之间，如图 3-4 所示。此时，可用内插法求得 IRR 的近似值，其计算公式为：

$$IRR = i_1 + \frac{NPV_1}{NPV_1 + |NPV_2|}(i_2 - i_1) \qquad (3-22)$$

为了保证 IRR 的精度，i_1 至 i_2 之间的差距最大不要超过 5%。

采用线性内插法计算 IRR 只适用于具有常规现金流量的投资方案。而对于具有非常规现金流量的方案，由于其内部收益率的存在可能不唯一，因而不太适用内插法。

2）评价准则

求得内部收益率后，与基准收益率 i_0 进行比较：$IRR = i_0$，表明该方案恰好达到既定的收益率（基准收益率）；$IRR > i_0$，表明该方案的投资收益率超过既定收益率；$IRR < i_0$，表明该方案投资收益率未能达到既定的收益率。

（1）若 $IRR \geqslant i_0$，则投资方案在经济上可以接受。
（2）若 $IRR < i_0$，则投资方案在经济上应予拒绝。

3）内部收益率的优点与不足

（1）优点：
① 考虑了资金的时间价值及项目在整个计算期内的经济状况；
② 能够直接衡量项目未回收投资的收益率；
③ 不需要事先确定一个基准收益率，只需知道基准收益率的大致范围。

（2）不足：
① 计算比较麻烦；
② 对于具有非常规现金流量的项目，其内部收益率往往不是唯一的，在某些情况下甚至不存在。

【例 3-9】 有一投资方案，现金流量如表 3-6，试计算其内部收益率。（基准收益率 $i_0 = 10\%$）

表 3-6 某投资方案现金流量表 单位：万元

年末	0	1	2	3	4	5
现金流量	-1 000	-800	500	500	500	1 200

【解】 首先取 $i_1 = 12\%$ 得：

$$NPV_1 = -1\,000 - 800(P/F,12\%,1) + 500(P/A,12\%,3)(P/F,12\%,1) + 1\,200(P/F,12\%,5)$$
$$= -1\,000 - 800 \times 0.892\,9 + 500 \times 2.401\,8 \times 0.892\,9 + 1\,200 \times 0.567\,4$$
$$= 38.85 \text{（万元）}$$

取 $i_2 = 15\%$ 得：

$$NPV_2 = -1\,000 - 800(P/F,15\%,1) + 500(P/A,15\%,3)(P/F,15\%,1) + 1\,200(P/F,15\%,5)$$
$$= -1\,000 - 800 \times 0.869\,6 + 500 \times 2.283\,2 \times 0.869\,6 + 1\,200 \times 0.497\,2$$
$$= -106.30 \text{（万元）}$$

则 IRR 介于 i_1 与 i_2 之间，代入公式（3-22）得：

$$IRR = i_1 + \frac{NPV_1}{NPV_1 + |NPV_2|}(i_2 - i_1)$$
$$= 12\% + \frac{38.85}{38.85 + |-106.30|}(15\% - 12\%) = 12.80\%$$

由以上计算可知：$IRR = 12.8\% > i_0 = 10\%$。该投资方案可以接受。

7. 效益费用比（BCR）

效益费用比法是运用等值的原理，将项目的收益与支出分别换算为现值，计算二者的比值,进而判断该项目是否可行的一种投资决策方法。

效益费用比的计算公式:

$$BCR = \frac{\sum_{t=0}^{n} B_t(1+i_0)^{-t}}{\sum_{t=0}^{n} C_t(1+i_0)^{-t}} \tag{3-23}$$

式中 B_t——第 t 年的收益;

C_t——第 t 年的费用。

对单一方案,一般情况下,按照净现值法可知,净现值＝收益现值－费用现值≥0,即 $\frac{收益现值}{费用现值} \geq 1$。由此得出判别准则:$BCR \geq 1$,方案可行;$BCR < 1$,方案不可行。

【例 3-10】 有一投资方案,现金流量如表 3-7,试计算其效益费用比。(基准收益率 $i_0 = 10\%$)

表 3-7 某投资方案现金流量表   单位:万元

年末	0	1	2	3	4	5	6	7	8
现金流量	-1 000	-500	400	500	500	500	500	700	800

【解】 方案费用现值:

$$C = 1\,000 + 500(P/F,10\%,1) = 1\,454.55 \text{（万元）}$$

方案收益现值:

$$B = 400(P/F,10\%,2) + 500(P/A,10\%,4)(P/F,10\%,2) + \\ 700(P/F,10\%,7) + 800(P/F,10\%,8) = 2\,372.73 \text{（万元）}$$

代入公式(3-23)得:

$$BCR = \frac{2\,372.73}{1\,454.55} = 1.63$$

由以上计算可知:$BCR = 1.63 > 1$。该投资方案可以接受。

3.2 建设工程项目技术方案经济效果评价方法

3.2.1 评价方案的类型

要想正确评价投资方案的经济性,仅凭对评价指标的计算及判断是不够的,还必须了解方案所属的类型,从而按照方案类型确定适合的评价方法和指标,为最终做出正确的投资决策提供科学依据。

所谓方案类型,是指备选方案之间所具有的相互关系。一般分为单一方案(又称独立型方案)和多方案两类。多方案又可分为互斥型、互补型、现金流量相关型、组合-互斥型和混合相关型5种,如图3-5所示。

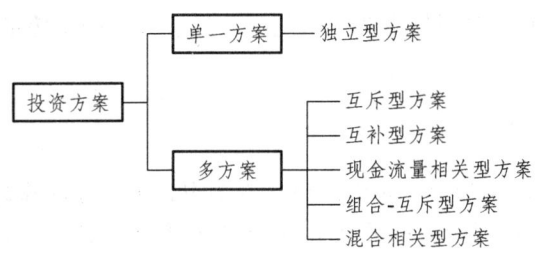

图3-5 评价方案的分类

1. 独立型方案

独立型方案是指互不干扰,在经济上互不相关的方案,选择或放弃其中任何一个方案,并不影响其他方案的选择。

2. 互斥型方案

互斥方案是指在若干备选方案中,各个方案彼此可以相互代替。选择其中任何一个方案,则其他方案就被排斥。在工程建设中,互斥方案还可以按以下因素进行分类:

(1)按服务寿命期长短不同,投资方案可分为:

① 相同服务寿命的方案,即参与或评价的各方案服务寿命期均相同。

② 不同服务寿命的方案,即参与或评价的各方案服务寿命期均不相同。

③ 无限服务寿命的方案。在工程建设中,永久性工程即可视为无限服务寿命的工程,如大型水坝、运河工程等。

(2)按规模不同,投资方案可分为:

① 相同规模的方案,即参与对比或评价的方案具有相同的产出量或容量,在满足相同功能要求的数量方面具有一致性和可比性。

② 不同规模的方案,即参与对比或评价的方案具有不同的产出量或容量,在满足相同功能要求的数量方面不具有一致性和可比性。

项目互斥方案比较,是工程经济评价工作的重要组成部分,也是寻求合理决策的必要手段。

3. 互补型方案

互补型方案是指在方案之间存在技术经济互补关系的一组方案。某一方案的接受有助于其他方案的接受。根据互补方案之间相互依存的关系,互补方案可能是对称的,如建设一个大型非港口电站,必须同时建设铁路、电厂,它们无论在建设时间、建设规模上都要彼此适应,缺少其中任何一个项目,其他项目就不能正常运行。因此,它们之间是互补型方案,又是对称的。此外,还存在着大量非对称的经济互补关系,如建造一座建筑物A和增加一个空调系统B,建筑物A本身是有用的,增加空调B后使建筑物A更有用,但采用方案A并不一定要采用方案B。

4. 现金流量相关型方案

现金流量相关型方案是指方案之间不完全互斥，也不完全相互依存，但任一方案的取舍会导致其他方案现金流量的变化。如某跨江项目考虑两个建设方案，一个是建桥方案 A，另一个是轮渡方案 B，两个方案都是收费的，此时，任一方案的实施或放弃都会影响另一方案的现金流量。

5. 组合-互斥型方案

组合-互斥型方案是指在若干可采用的独立方案中，如果有资源约束条件（如受资金、劳动力、材料、设备及其他资源拥有量限制），只能从中选择一部分方案实施时，可以将它们组合为互斥型方案。例如：现有独立方案 A、B、C、D 四个方案，所需资金分别为 9 000 万元、6 000 万元、4 000 万元、3 000 万元。当资金总额限量为 10 000 万元，除方案 A 具有完全排他性外，其他方案由于所需资金不大，可以相互组合。可供选择的方案共有 A、B、C、D、B+C、B+D、C+D 共 7 个组合方案。因此，当受某种资源约束时，独立方案可以组成各种组合方案，这些组合方案之间是互斥或排他的。

6. 混合相关型方案

在方案众多的情况下，方案的相关关系可能包括上述类型中的多种，这些方案称为混合相关型方案。

在方案评价前，分清方案属于何种类型是非常重要的。因为方案类型不同，其评价方法、选择和判断的尺度就不同。如果方案类型划分不当，会带来错误的评价结果。在方案评价中，以独立型方案和互斥型方案最为常见。

3.2.2 独立型方案的评价

独立型方案在经济上是否可接受，取决于方案自身的经济状况，即方案的经济效果是否达到或超过预定的评价标准或水平。通过计算方案的经济效果指标，并按照指标的判别准则加以检验，即可判断方案在经济上是否可行。这种方案自身的经济性检验称为"绝对经济效果检验"。

1. 应用投资收益率进行评价

（1）确定行业的基准投资收益率（R_0）。
（2）计算投资方案的投资收益率（R）。
（3）进行判断。若 $R \geq R_0$，表明方案在经济上是可行的；若 $R < R_0$，表明方案在经济上是不可行的。

2. 应用投资回收期进行评价

（1）确定行业或投资者期望的基准投资回收期（P_0）。
（2）计算投资方案的静态投资回收期（P_t）。

（3）进行判断。若 $P_t \leqslant P_0$，表明方案在经济上是可行的；若 $P_t > P_0$，表明方案在经济上是不可行的。

3. 应用净现值（NPV）或净年值（NAV）进行评价

（1）依据现金流量表和确定的基准收益率（i_0），计算方案的净现值 NPV 或净年值 NAV。

（2）进行判断。若 $NPV \geqslant 0$ 或 $NAV \geqslant 0$，表明方案在经济上是可行的；若 $NPV < 0$ 或 $NAV < 0$，表明方案在经济上是不可行的。

4. 应用内部收益率（IRR）进行评价

计算出内部收益率后，将 IRR 与基准收益率（i_0）进行比较。若 $IRR \geqslant i_0$，表明方案在经济上是可行的；若 $IRR < i_0$，表明方案在经济上是不可行的。

5. 应用效益费用比（BCR）进行评价

（1）依据现金流量表和确定的基准收益率（i_0），计算方案的效益费用比（BCR）。

（2）进行判断。若 $BCR \geqslant 1$，表明方案在经济上是可行的；若 $BCR < 1$，表明方案在经济上是不可行的。

3.2.3 互斥型方案的评价

互斥型方案经济效果评价包含两部分内容：一是考察各个方案自身的经济效果，即进行绝对经济效果检验，判断各方案本身是否可行；二是考察方案的相对最优，即相对经济效果检验。两种检验的目的和作用不同，通常缺一不可，从而确保所选方案不但最优而且可行。

在进行互斥方案相对经济效果评价时，一般按投资额大小由低到高进行排序，然后两两方案进行比选，并按指标评价准则淘汰较差的方案，以保留的较好方案再与其他方案进行比较，直至所有的方案都经过比较，最终保留的方案，就是经济性最优的方案。

1. 静态评价方法

互斥型方案常用的静态分析指标有：增量投资收益率、增量投资回收期、年费用、综合费用等。

1）增量投资收益率

增量投资收益率是增量投资所带来的经营成本上的节约与增量投资之比。

现设两个互斥方案 A、B，其投资及经营成本分别为 K_1、K_2、C_1、C_2，若 $K_1 < K_2$，$C_1 < C_2$，则选择选择 A 方案优。但经常出现的情况是某一方案的投资额小，但经营成本却较高；而另一方案投资额大，经营成本却较省。

现设 K_1、K_2 分别为甲、乙方案的投资额，C_1、C_2 为甲、乙方案的经营成本。若 $K_2 > K_1$，$C_2 < C_1$，则增量投资收益率 $R_{(2-1)}$ 为：

$$R_{(2-1)} = \frac{C_1 - C_2}{K_2 - K_1} \times 100\% \qquad (3\text{-}24)$$

当得到的增量投资收益率大于基准投资收益率时,则投资大的方案优,它表明投资的增量$(K_2 - K_1)$完全可以由经营成本的节约$(C_1 - C_2)$来得到补偿,反之,则投资小的方案优。

【例 3-11】 有两个技术方案,它们的年销售收入都相同,但投资和年经营成本不同。方案一:投资 100 万元,年经营成本 30 万元;方案二:投资 130 万元,年经营成本 20 万元。基准收益率(i_0)为 25%,试比较哪个方案优?

【解】 计算两方案的增量投资收益率,根据公式(3-24)得:

$$R_{(2-1)} = \frac{C_1 - C_2}{K_2 - K_1} \times 100\%$$

$$R_{(2-1)} = \frac{30 - 20}{130 - 100} \times 100\% = 33.33\%$$

由以上计算可知,$R_{(2-1)} = 33.33\% > i_0 = 25\%$。因此,投资大的方案二优于投资小的方案一。

2)增量投资回收期

增量投资回收期是指用经营成本的节约来补偿增量投资的年限。

当各年经营成本的节约$(C_1 - C_2)$基本相同时,其计算公式为:

$$P_{t(2-1)} = \frac{K_2 - K_1}{C_1 - C_2} \qquad (3\text{-}25)$$

当各年经营成本的节约$(C_1 - C_2)$差异较大时,其计算公式为:

$$(K_2 - K_1) = \sum_{t=1}^{P_{t(2-1)}} (C_1 - C_2) \qquad (3\text{-}26)$$

当得到的增量投资回收期小于基准投资回收期时,投资大的方案优;反之,投资小的方案为优选方案。

【例 3-12】 某项工程建设有两个设计方案:第一方案采用比较先进的技术设备,投资额为 4 000 万元,年成本 650 万元;第二方案投资为 3 000 万元,年成本 900 万元。两方案的年销售收入相同,试计算其增量投资回收期。若基准投资回收期(P_0)为 5 年,哪个方案更优?

【解】 计算增量投资回收期,根据公式(3-25)得:

$$P_{t(2-1)} = \frac{K_2 - K_1}{C_1 - C_2} = \frac{4\,000 - 3\,000}{900 - 650} = 4 \text{(年)}$$

由以上计算可知:$P_{t(2-1)} = 4 < P_0 = 5$。因此,投资大的方案一优于投资小的方案二。

3)年费用法

当互斥方案个数较多时,用增量投资收益率、增量投资回收期进行方案经济比较,要进行两两比较逐个淘汰,比选次数较多。而运用年费用法,只需计算各方案的年费用,即将投资额用基准投资回收期分摊到各年,再与各年的年经营成本相加。年费用计算公式为:

$$Z_j = \frac{I_j}{P_0} + C_j \tag{3-27}$$

或

$$Z_j = I_j \times i_0 + C_j \tag{3-28}$$

式中 Z_j——第 j 个方案的年费用;

I_j——第 j 个方案的总投资;

P_0——基准投资回收期;

i_0——基准投资收益率;

C_j——第 j 个方案的年经营成本。

根据年费用,选择年费用最小者为最优方案。

【例 3-13】 有两个技术方案,它们的年销售收入相同,但投资和经营成本不同。第一方案总投资 132 万元,年经营费用 22 万元;第二方案总投资 156 万元,年经营费用 18 万元。基准投资回收期 $P_0 = 5$ 年,试用年费用法选择最优方案。

【解】 根据公式(3-27)得:

$$Z_1 = \frac{I_1}{P_0} + C_1 = \frac{132}{5} + 22 = 48.40 \text{(万元)}$$

$$Z_2 = \frac{I_2}{P_0} + C_2 = \frac{156}{5} + 18 = 49.20 \text{(万元)}$$

由以上计算可知:$Z_1 < Z_2$。因此,方案一优于方案二。

4)综合总费用法

方案的综合总费用即为方案的投资与基准投资回收期内年经营成本的综合。计算公式为:

$$S_j = I_j + P_0 \times C_j \tag{3-29}$$

式中 S_j——第 j 方案的综合总费用。显然 $S_j = P_0 \times Z_j$,故方案的综合总费用即为基准投资回收期内年费用的综合。在方案评选时,综合总费用最小的方案为最优方案。

在例 3-13 中,$S_1 = 5 \times 48.4 = 242.0$(万元),$S_2 = 5 \times 49.2 = 246.0$(万元),$S_1 < S_2$,故方案一优于方案二,与年费用的结论是一致的。

以上几种互斥型方案的静态评价方法,虽然概念清晰、计算简便,但缺点是没有考虑资金的时间价值,对方案未来时期的发展变化情况,如投资方案的使用年限、投资回收以后方案的收益、方案使用年限终了时的残值、方案在使用过程中更新和追加投资及其效果等未能充分反映。因此,静态评价方法仅适用于方案初步评价或作为辅助评价方法采用。

2. 动态评价方法

1）计算期相同的互斥方案经济效果的评价

对于计算期相同的互斥方案，常用的经济效果评价方法有以下几种：

（1）现值法。

① 净现值（NPV）法。

对互斥方案评价，首先剔除 $NPV<0$ 的方案，即先进行方案的绝对经济效果检验；然后对所有 $NPV \geqslant 0$ 的方案比较其净现值，选择净现值最大的方案为最优方案。

【例 3-14】 有 A、B 两个技术方案，现金流量如表 3-8 所示，基准收益率为 10%，试用净现值法选择最优方案。

表 3-8 方案 A、B 的现金流量表　　　　　　单位：万元

年份	0	1	2	3	4	5
A 方案	-250	120	120	120	100	100
B 方案	-150	80	80	60	60	60

【解】 计算两方案的净现值（NPV）：

$$NPV_A = -250 + 120(P/A,10\%,3) + 100(P/A,10\%,2)(P/F,10\%,3)$$
$$= -250 + 120 \times 2.4869 + 100 \times 1.7355 \times 0.7513 = 178.82 (万元)$$

$$NPV_B = -150 + 80(P/A,10\%,2) + 60(P/A,10\%,3)(P/F,10\%,2)$$
$$= -150 + 80 \times 1.7355 + 60 \times 2.4869 \times 0.8264 = 112.15 (万元)$$

由以上计算可知：$NPV_A > NPV_B$。因此，方案 A 优于方案 B。

② 费用现值（PC）法。

在建设工程经济分析中，对效益相同或能满足相同需要，效益无法或很难用货币直接计量的互斥方案的比较，常用费用现值法进行评价。计算各备选方案的费用现值（PC），以费用现值最低的方案为最佳方案。

【例 3-15】 某项目有两个施工工艺方案，均能满足同样的需要，其费用数据如表 3-9 所示，基准收益率为 10%，试用费用现值法比较两个方案哪个更优？

表 3-9 两个工艺方案的费用数据表　　　　　　单位：万元

方案	总投资（第 0 年）	年运营费用（第 1 到 10 年）
A	250	60
B	350	40

【解】 计算两方案的费用现值：

$$PC_A = 250 + 60(P/A,10\%,10) = 618.68 (万元)$$

$$PC_B = 350 + 40(P/A,10\%,10) = 595.78 (万元)$$

由以上计算可知：$PC_A > PC_B$。因此，方案 B 优于方案 A。

(2) 年值法。

① 净年值（NAV）法。

净年值评价与净现值评价是等价的（或等效的）。在互斥方案评价时，先淘汰 $NAV<0$ 的方案，再在余下的方案中，选择等额净年值最大的方案为最优方案。

【例 3-16】 有两个互斥方案 A、B，其现金流量如表 3-10 所示，基准收益率为 10%，试用净年值法比较哪个方案更优？

表 3-10　两个方案的现金流量表　　　　单位：万元

方案	总投资（第 0 年）	净收益（第 1 到 10 年）
A	−400	80
B	−300	60

【解】 计算两方案的净年值：

$$NAV_A = -400(A/P,10\%,10)+80 = 14.92\ (万元)$$

$$NAV_B = -300(A/P,10\%,10)+60 = 11.19\ (万元)$$

由以上计算可知：$NAV_A > NAV_B$。因此，方案 A 优于方案 B。

② 费用年值法。

在建设工程经济分析中，对效益相同（或基本相同），但效益无法或很难用货币直接计量的互斥方案的比较，常用费用现值或费用年值进行。计算各方案的费用年值，以费用年值最低的方案为最佳方案。

【例 3-17】 有两种可供选择的挖掘机方案Ⅰ、Ⅱ，均能满足同样的工作需要，其有关资料如表 3-11 所示，设收益率为 12%，试用费用年值法评价和选择最优方案。

表 3-11　两个方案的投资及费用表　　　　单位：万元

方案	投资（寿命期初投入）	年经营费用	净残值	使用寿命（年）
方案Ⅰ	3 000	2 000	500	3
方案Ⅱ	4 000	1 600	300	5

【解】 计算两方案的费用年值：

$$AC_I = 3\,000(A/P,12\%,3)+2\,000-500(A/F,12\%,3)$$
$$= 3\,000\times 0.416\,3+2\,000-500\times 0.296\,3$$
$$= 3\,100.75\ (万元)$$

$$AC_{II} = 4\,000(A/P,12\%,5)+1\,600-300(A/F,12\%,5)$$
$$= 4\,000\times 0.277\,4+1\,600-300\times 0.157\,4$$
$$= 2\,662.38\ (万元)$$

由以上计算可知：$AC_I > AC_{II}$。因此，方案Ⅱ优于方案Ⅰ。

(3) 增量分析。

对互斥方案进行比选时，常用的评价指标为净现值、内部收益率、效益费用比、动态投资回收期。但是，在有些情况下，由上述评价指标得出的结论相互矛盾，此时，方案比较的正确原则是，计算各方案之间增额投资的经济效果，就是使用增量分析方法。净现值、净年值、投资回收期、内部收益率等评价指标都可用于增量分析。

下面仅就增量净现值和增量内部收益率方法的应用进一步讨论。

① 增量净现值(ΔNPV)。

所谓增量净现值，是指在给定的基准折现率下，两方案在寿命期内各年净现金流量差额折现的累计值，或者说是增量净现值等于两方案的净现值之差。

设 A、B 为投资额不等的两互斥方案，A 方案投资比 B 方案投资大，两方案的增量净现值为：

$$\Delta NPV = \sum_{t=0}^{n} [(CI_{tA} - CO_{tA}) - (CI_{tB} - CO_{tB})](1 + i_0)^{-t}$$
$$= NPV_A - NPV_B \tag{3-30}$$

式中　ΔNPV——增量净现值；

$(CI_{tA} - CO_{tA})$——方案 A 第 t 年的净现金流量；

$(CI_{tB} - CO_{tB})$——方案 B 第 t 年的净现金流量；

NPV_A、NPV_B——方案 A、方案 B 的净现值。

用增量分析法进行互斥方案比选时，若 $\Delta NPV > 0$，表明增量投资可以接受，投资（现值）大的方案较投资（现值）小的方案优；若 $\Delta NPV < 0$，表明增量投资不可以接受，投资（现值）小的方案较投资（现值）大的方案优。

值得注意的是，增量净现值指标，只能反映增量现金流量的经济性，不能反映各方案自身的经济性。故增量净现值只能用于方案间的比较，不能仅根据增量净现值(ΔNPV)的大小判断方案的取舍。

【例 3-18】　有两个互斥方案 A、B，其各年的现金流量如表 3-12 所示，用增量净现值指标对 A、B 互斥方案进行评价选择。（基准折现率为 10%）

表 3-12　互斥方案 A、B 的现金流量及经济效果指标表　　　单位：万元

方案	0	1~10	NPV	NAV
方案 A	-300	60	68.68	11.19
方案 B	-400	80	91.57	14.92
增量净现金流量	-100	20	22.89	3.73

【解】　A、B 互斥方案的增量净现值为：

$$\Delta NPV_{B-A} = -100 + 20(P/A, 10\%, 10) = 22.89（万元）$$

$$NPV_A = -300 + 60(P/A, 10\%, 10) = 68.68（万元）$$

$$NPV_B = -400 + 80(P/A, 10\%, 10) = 91.57（万元）$$

或

$$\Delta NPV_{B-A} = NPV_B - NPV_A = 22.89（万元）$$

由于 $\Delta NPV_{B-A} > 0$，所以投资大的 B 方案优于投资小的 A 方案。

显然，用增量分析法计算两方案的增量净现值进行互斥方案比选，与分别计算两方案的净现值最大准则进行互斥方案比选结论是一致的。因此，实际工作中应选择比较方便的比选方法。当有多个互斥方案时，直接用净现值最大准则选择最优方案比两两比较的增量分析更为简便。

② 增量内部收益率（ΔIRR）。

增量内部收益率（也称差额内部收益率），就是两方案增量净现值等于零时的折现率。差额内部收益率的计算表达式为：

$$\Delta NPV = \sum_{t=0}^{n}(\Delta CI_t - \Delta CO_t)(1+\Delta IRR)^{-t} = 0 \quad (3-31)$$

式中　ΔIRR——差额内部收益率；

ΔCI_t——方案 A 与方案 B 第 t 年的增量现金流入，即 $\Delta CI_t = CI_{tA} - CI_{tB}$；

ΔCO_t——方案 A 与方案 B 第 t 年的增量现金流出，即 $\Delta CO_t = CO_{tA} - CO_{tB}$。

将式（3-31）变换，即：

$$\sum_{t=0}^{n}(CI_{tA} - CO_{tA})(1+\Delta IRR)^{-t} = \sum_{t=0}^{n}(CI_{tB} - CO_{tB})(1+\Delta IRR)^{-t}$$

即

$$NPV_A(\Delta IRR) = NPV_B(\Delta IRR)$$

式中　NPV_A——方案 A 的净现值；

NPV_B——方案 B 的净现值。

因此，差额内部收益率的另一种解释是：使两个方案净现值（或净年值）相等时的折现率。

采用内部收益率法比较和评选方案时，相比较的方案必须寿命期相等或具有相同的计算期。差额内部收益率法计算式是高次方程，不易直接求解，故仍采用与求内部收益率相同的方法，即线性内插法求解。

差额内部收益率法的判断准则：

将计算求得的差额内部收益率 ΔIRR 与基准收益率 i_0 相比较，当 $\Delta IRR > i_0$ 时，投资大的方案优；反之，当 $\Delta IRR < i_0$ 时，投资小的方案优。用差额内部收益率进行方案比较的情形如图 3-6 所示。

在图 3-6 中，C 点为两方案净现值函数曲线 A 与 B 的交点，在此点两个方案净现值相等。因此，根据差额内部收益率含义，C 点对应的折现率为两个方案的差额内部收益率 ΔIRR。由图可见，用净现值法、差额内部收益率法和内部收益率法评价比较选择方案时有如下关系：

在图 3-6 中，当 $\Delta IRR > i_{01}$ 时：按照净现值法判别准则，净现值大的方案 A 优；按照差额内部收益率法判别准则，投资大的方案 A 优；按照内部收益率法判别准则，内部收益率大的方案 B 优。由此可见，在 $\Delta IRR < i_{01}$ 的条件下，用净现值法和差额内部收益率法评价的结论是一致的，但与内部收益率法的结论相矛盾。所以，差额内部收益率法与内部收益率法评价结论不一致。因此，在方案评价中，仅用内部收益率法的判别准则比较和选择互斥方案的最优可行方案，有时不能保证结论的正确性。

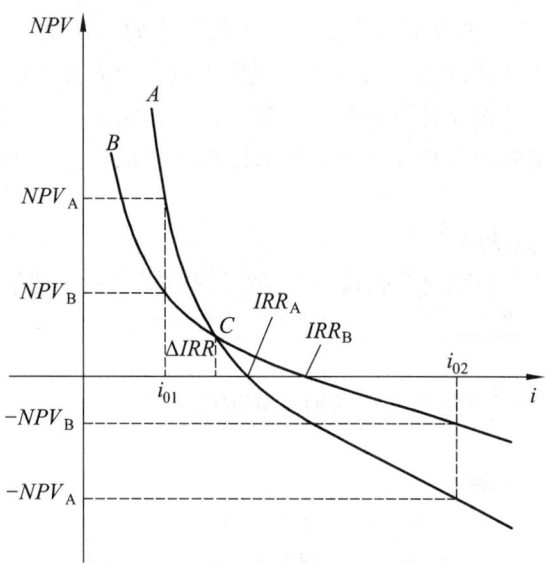

图 3-6 净现值、差额内部收益率和收益率间的关系

在图 3-6 中，当 $\Delta IRR < i_{02}$ 时：按照净现值法判别准则，净现值大的方案 B 优；按照差额内部收益率法判别准则，投资小的方案 B 优；按照内部收益率法判别准则，内部收益率大的方案 B 优。由此可见，在 $\Delta IRR < i_{02}$ 的条件下，用净现值法、差额内部收益率法以及内部收益率法评价的结论是一致的。

采用差额内部收益率法进行方案比较时，不论设定的折现率为 i_{01} 或 i_{02}，其评价结论均与净现值结论相同。因此，在方案比较中，一般不直接采用内部收益率指标进行比较，而采用净现值和差额内部收益率作为比较指标。

用差额内部收益率对互斥方案进行比较的步骤：

- 按投资大小由小到大排序。
- 计算各方案的内部收益率，若 $IRR > i_0$，则保留该方案；若 $IRR < i_0$，则舍弃该方案，不参与比较。或计算其他指标如净现值等，保证所参与比较的方案都可行。
- 依次计算出相比较的两个方案的差额内部收益率 ΔIRR，若 $\Delta IRR > i_0$，则保留投资大的方案；若 $\Delta IRR < i_0$，则保留投资小的方案。
- 被保留的方案再与下一个相邻方案相比较，计算 ΔIRR，取舍判据同前述，以此类推，直到比较完所有方案，最后保留下来的就是最优方案。

【例 3-19】 有两个互斥方案 A、B，其寿命相同，有关资料如表 3-13 所示，基准折现率为 15%，试用净现值和差额内部收益率比较和选择最优方案。

表 3-13 互斥方案 A、B 的有关资料表　　　　　单位：万元

方案	投资 K（0 年末发生）	年收入（CI）	年支出（CO）	净残值（S_v）	使用寿命/年
方案 A	6 000	1 800	500	300	10
方案 B	7 000	2 000	450	400	10

【解】（1）计算 A、B 两方案的净现值，判断可行性：

$$NPV_A = -6\,000 + (1\,800 - 500)(P/A, 15\%, 10) + 300(P/F, 15\%, 10)$$
$$= 598.60（万元）$$

$$NPV_B = -7\,000 + (2\,000 - 450)(P/A, 15\%, 10) + 400(P/F, 15\%, 10)$$
$$= 878.02（万元）$$

因为 $NPV_B > NPV_A > 0$，所以两方案均可行，且方案 B 优于方案 A。

（2）计算差额内部收益率，比较和选择最优可行方案：

$$\Delta NPN = -1\,000 + 250(P/A, i, 10) + 100(P/F, i, 10)$$

设 $i_1 = 21\%$，则

$$\Delta NPN(i_1) = -1\,000 + 250(P/A, 21\%, 10) + 100(P/F, 21\%, 10) = 28.39（万元）$$

设 $i_2 = 22\%$，则

$$\Delta NPN(i_2) = -1\,000 + 250(P/A, 22\%, 10) + 100(P/F, 22\%, 10) = -5.51（万元）$$

用线性内插法计算求得差额内部收益率为：

$$\Delta IRR = i_1 + \frac{\Delta NPN(i_1)}{\Delta NPV(i_1) + |\Delta NPV(i_2)|}(i_2 - i_1)$$
$$= 21\% + \frac{28.39}{28.39 + |-5.51|}(22\% - 21\%) = 21.84\%$$

因为 $\Delta IRR = 21.84\% > 15\%$，所以投资大的 B 方案优，其结论与净现值法评价结果一致。

2）计算期不同的互斥方案经济效果的评价

如果互斥方案的计算期不同，必须对计算期作出某种假定，使得方案在相等期限的基础上进行比较，这样才能保证得到合理的结论。

（1）净年值法（NAV）。

用净年值法进行寿命不等的互斥方案比选，实际上隐含着这样一种假定：各备选方案在其寿命结束时均可按原方案重复实施。由于净年值法是以"年"为时间单位比较各方案的经济效果，一个方案无论重复实施多少次，其净年值是不变的，从而使寿命不等的互斥方案之间具有可比性。

通过分别计算各备选方案净现金流量的等额净年值（NAV）并进行比较，以 $NAV \geq 0$ 且 NAV 最大者为最优方案。

【例 3-20】 有两个互斥方案 A、B，其寿命不同，有关资料如表 3-14 所示，基准折现率为 15%，试用净年值法选择最优方案。

表 3-14 互斥方案 A、B 的有关资料表　　　　　　　　单位：万元

方案	投资（生产期初）	年净收益	使用寿命/年
A	10 000	4 200	5
B	17 000	5 800	10

【解】 计算 A、B 两方案的净年值（NAV）：

$$NAV_A = -10\,000(A/P,15\%,5) + 4\,200 = 1\,217.00 \text{（万元）}$$

$$NAV_B = -17\,000(A/P,15\%,10) + 5\,800 = 2\,411.90 \text{（万元）}$$

因为 $NAV_B > NAV_A > 0$，所以两方案均可行，且方案 B 优于方案 A。

（2）最小公倍数法（又称方案重复法）。

最小公倍数法是以各备选方案计算期的最小公倍数作为各比选方案的共同计算期，并假定各方案均在共同计算期内重复进行。对各方案计算期内各年的净现金流量进行重复计算，得出各个方案在共同的计算期内的净现值，以净现值最大的方案为最佳方案。

【例 3-21】 用最小公倍数法对【例 3-20】的 A、B 两方案作出选择。

【解】 A、B 两方案寿命期的最小公倍数是 10 年，A 方案重复一次。

计算 A、B 两方案的净现值（NPV）：

$$NPV_A = -10\,000[(1+(P/F,15\%,5)] + 4\,200(P/A,15\%,10) = 6\,106.96 \text{（万元）}$$

$$NPV_B = -17\,000 + 5\,800(P/A,15\%,10) = 12\,109.04 \text{（万元）}$$

因为 $NPV_B > NPV_A > 0$，方案均可行，且方案 B 优于方案 A。

最小公倍数法有效地解决了寿命期不等的方案之间净现值的可比性问题。但这种方法不是在任何情况下都适用的。对于某些不可再生资源开发型项目，在进行计算期不等的互斥方案比选时，方案可重复的假定不再成立，这种情况下就不能用最小公倍数法对方案作出选择。此外，如果最小公倍数法求得的计算期过长，也不适合用最小公倍数法。

（3）研究期法。

以相同时间来研究不同期限的方案的方法称为研究期法。研究期的确定一般以各互斥方案中年限最短方案的计算期作为互斥方案评价的共同研究期。通过比较各个方案在共同研究期内的净现值来对方案进行比选，以净现值最大的方案为最佳方案，并对寿命期长于研究期的方案在研究期以后的现金流量进行合理的估算与处理。

【例 3-22】 用研究期法对例 3-20 的 A、B 两方案作出选择。

【解】 两方案的共同研究期为 5 年。

计算 A、B 两方案的净现值（NPV）：

$$NPV_A = -10\,000 + 4\,200(P/A,15\%,5) = 4\,079.24 \text{（万元）}$$

B 方案研究期末终端的价值：

$$F^* = 17\,000(A/P,15\%,10)(P/A,15\%,5) = 11\,357.59 \text{（万元）}$$

$$NPV_B = -17\,000 + 5\,800(P/A,15\%,5) + 11\,357.59(P/F,15\%,5)$$
$$= 8\,089.75 \text{（万元）}$$

因为 $NPV_B > NPV_A > 0$，方案均可行，且方案 B 优于方案 A。

由以上计算可知，对寿命期不等的方案比选，用年值法、最小公倍数法和研究期法得出的结论是一致的，但年值法最为简便。

3）无限服务寿命期的互斥方案比选

按照资金等值原理，已知：

$$P = A\frac{(1+i)^n - 1}{i(1+i)^n} = A \times \frac{1}{i}\left[1 - \frac{1}{(1+i)^n}\right]$$

当 $n \to \infty$ 时，

$$P = \lim_{n \to \infty}\left\{A \times \frac{1}{i}\left[1 - \frac{1}{(1+i)^n}\right]\right\} = \frac{A}{i} \tag{3-32}$$

应用上面公式可以方便地解决无限服务寿命期互斥方案的比较。

一些公共事业工程项目方案（如铁路、桥梁、水坝等）可以通过大修或反复更新使其寿命延长至很长的年限直到无限，这时其现金流量大致是周期性地重复出现，因此可以看作无限服务寿命期的项目。

【例 3-23】 某桥梁工程，初步拟定 2 个结构类型方案供选择：A 方案为钢筋混凝土结构，初始投资为 15 000 万元，年维护费为 100 万元，每 5 年大修一次，费用为 1 000 万元；B 方案为钢结构，初始投资为 20 000 万元，年维护费为 50 万元，每 10 年大修一次，费用为 1 000 万元。折现率为 5%，试问哪一个方案最经济？

【解】 （1）现值法。计算 A、B 两方案的费用现值：

$$PC_A = 15\,000 + \frac{100}{5\%} + 1\,000 \times \frac{5\%}{(1+5\%)^5 - 1} \times \frac{1}{5\%} = 20\,619.50 \text{（万元）}$$

$$PC_B = 20\,000 + \frac{50}{5\%} + 1\,000 \times \frac{5\%}{(1+5\%)^{10} - 1} \times \frac{1}{5\%} = 22\,590.09 \text{（万元）}$$

因为 $PC_A < PC_B$，所以 A 方案是最经济的方案。

（2）年值法。计算 A、B 两方案的费用年值：

$$AC_A = 100 + 1\,000 \times \frac{5\%}{(1+5\%)^5 - 1} + 15\,000 \times 5\% = 1\,030.97 \text{（万元）}$$

$$AC_B = 50 + 1\,000 \times \frac{5\%}{(1+5\%)^{10} - 1} + 20\,000 \times 5\% = 1\,129.50 \text{（万元）}$$

因为 $AC_A < AC_B$，所以 A 方案是最经济的方案。

本章小结

按是否考虑资金的时间价值，经济效果评价指标分为静态评价指标和动态评价指标。静态评价指标包括投资收益率、静态投资回收期和偿债能力指标（借款偿还期、利息备付率、偿债备付率）；动态评价指标包括净现值、净现值率、净年值、费用年值、动态投资回收期、内部收益率、效益费用比、增量分析。

互斥方案的评价分为寿命期相同、寿命期不等、无限服务寿命期三种情况进行。对于寿命期相同的互斥方案比选，其比较选择的方法有：净现值法、费用现值法、净年值法、费用年值法、差额净现值法、差额内部收益率法。对于寿命期不等的互斥方案比选的方法有：年值法、最小公倍数法、研究期法。对于无限服务寿命期的互斥方案，可利用 $P = \dfrac{A}{i}$ 的关系采用现值法或年值法进行比选。

复习思考题

1. 静态评价指标有哪些？其经济含义是什么？如何计算及评价？
2. 简述净现值、净年值的经济含义。如何计算及评价？
3. 简述内部收益率、效益费用比的经济含义。如何计算及评价？
4. 投资方案有哪几种类型？
5. 寿命期相同的互斥方案评价有哪些评价方法？
6. 寿命期不等的互斥方案评价有哪些评价方法？
7. 方案 A、B 在计算期内各年的净现金流量如表 3-15 所示，基准折现率为 10%，试计算两方案的净现值和净年值，并选出最优方案。

表 3-15　A、B 方案净现金流量表　　　　　单位：万元

方案	年份					
	0	1	2	3	4	5
方案 A	-120	50	50	60	60	60
方案 B	-150	60	80	80	80	80

8. 某项目初始投资 120 万元，年净收益 30 万元，基准折现率为 8%，寿命为 8 年，分别计算该项目的静态投资回收期、动态投资回收期和内部收益率，并判断该项目是否可行。

9. 某项目有 2 个采暖方案 A、B，均能满足同样的需要，寿命期为 10 年，基准折现率为 10%，其费用数据如表 3-16 所示，试用费用现值法和费用年值法确定最优方案。

表 3-16　总投资和年营运费用　　　　　单位：万元

方 案	总投资（第 0 年发生）	年营运费用
方案 A	200	60
方案 B	250	50

10. 两种施工设备投资收益如表 3-17 所示，基准折现率为 8%，试计算两方案的效益费用比。

表 3-17　A、B 方案净现金流量表　　　　　单位：万元

方案	年份								
	0	1	2	3	4	5	6	7	8
方案 A	-2 000	1 000	850	700	600	400	400	400	400
方案 B	-1 500	700	300	300	300	300	500	500	500

11. 某项目有 3 个互斥型投资方案，如表 3-18 所示，基准折现率为 10%，分别用差额净现值法、差额内部收益率法选择最佳方案。

表 3-18　互斥型投资方案

方　案	A	B	C
投资/万元	2 000	3 000	4 000
年净收益/万元	600	850	1 000
寿命期/年	10	10	10

12. 有 A、B、C 三个互斥方案，各方案的投资、年净收益、残值和寿命期如表 3-19 所示，若基准折现率为 10%，分别用净年值法、最小公倍数法、研究期法选择最优方案。

表 3-19　A、B、C 方案的投资、年净收益、残值、寿命期表

方　案	投资（生产期初） （万元）	年净收益 （万元）	残值 （万元）	寿命期 （年）
A	10 000	4 200	500	5
B	12 000	4 300	600	5
C	15 000	4 800	800	10

13. 某河上修建大桥，有 A、B 两个桥型方案可供选择，具体数据如表 3-20 所示，若基准折现率为 10%，试选出最优方案。

表 3-20　A、B 两方案相关数据表　　　　　单位：万元

方　案	A	B
一次性投资	6 500	8 500
年维护费用	6	5
每 10 年翻修一次	300	200

绝代有答案
幽居扫码现

第 4 章 建设工程财务评价

教学目标：
- 了解财务评价的相关内容
- 熟悉财务评价的相关报表
- 掌握销售收入与成本费用的估算方法
- 掌握财务评价指标的计算方法

4.1 建设项目财务评价概述

4.1.1 财务评价的概念及其作用

1. 财务评价的概念

财务评价，又称微观评价或微观经济分析，是按照国家现行财税制度和价格体系，从项目角度出发，通过对项目直接发生的财务效益、财务费用进行分析和预测，编制财务报表，计算财务评价指标，考察项目的财务盈利能力、偿债能力和财务生存能力等财务状况，据此判断项目财务可行性的一种经济评价方法。财务评价是项目经济评价的重要组成部分，主要从微观投资主体的角度分析项目可以给投资主体带来的效益和风险，是项目投融资决策的重要依据。财务评价是工程经济的核心内容，它既是工程经济学原理的应用，又是其理论的深化，同时也为国民经济评价提供调整计算的基础。

2. 财务评价的作用

（1）考查建设项目的盈利能力和清偿能力。
（2）是制订项目资金规划的重要依据。
（3）为协调企业利益和国家利益提供依据。
（4）为中外合资项目提供双方合作的基础。

4.1.2 财务评价的程序和内容

1. 财务评价的程序

（1）识别财务效益与费用范围。项目财务评价的利益主体主要包括项目投资经营实体和权益投资方等。对于不同利益主体，项目带来的财务效益与费用范围不同，需要仔细识别。

(2)进行财务评价基础数据与参数的确定、估算与分析,编制财务评价的辅助报表。根据项目市场研究和技术分析的结果,结合国家的现行财税制度,进行一系列财务数据的估算,并编制辅助报表。辅助报表包括建设投资估算表、流动资金估算表、固定资产折旧估算表、无形资产及递延资产摊销估算表、资金使用计划与资金筹措表、营业收入和营业税金及附加表、总成本估算表等。

(3)将分析和估算所得的数据进行汇总,编制财务评价的基本报表,包括现金流量表、利润和利润分配表、资金来源与运用表、资产负债表。

(4)计算财务评价的各项指标,进行财务评价,其中包括盈利能力的指标计算分析、偿债能力指标计算分析、不确定性分析。

(5)将计算出的指标与国家有关部门公布的基础值,或经验标准、历史标准、目标标准等加以比较,编制财务评价报告,从项目的角度判别其财务可行性,提出项目可行与否的结论。

财务评价程序见图4-1。

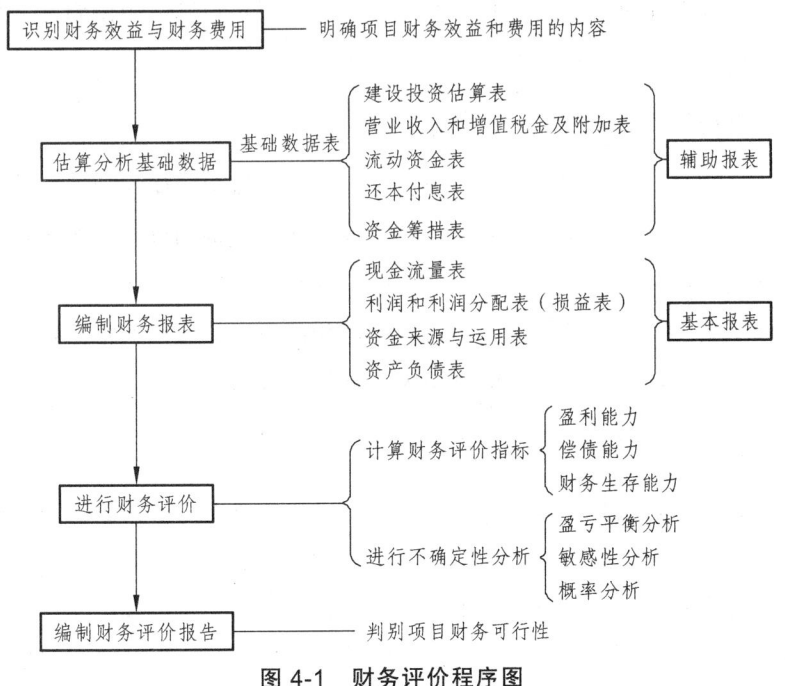

图4-1 财务评价程序图

2. 财务评价的内容

(1)盈利能力分析。盈利能力分析主要考察项目投资的盈利水平,它直接关系到项目投产后能否生存和发展,是评价项目财务上可行性程度的基本标志。盈利能力的大小是企业进行投资活动的原动力,也是企业进行投资决策时考虑的首要因素。在财务评价中,应当考察拟建项目建成投产后是否有盈利,盈利能力有多大,盈利能力是否足以使项目可行。

(2)偿债能力分析。项目偿债能力主要是指项目偿还项目初期投资借款和其他债务的能力,它直接关系到企业面临的财务风险和企业财务信用程度。偿债能力的大小是企业进行筹资决策的重要依据。

（3）不确定性分析。项目在盈利能力分析和偿债能力分析时所用的工程经济要素数据一般是预测和估计的，具有一定的不确定性，因此分析这些不确定因素对经济评价指标的影响，估计项目可能存在的风险，考察项目财务评价的可靠性，这就是项目的不确定分析。具体内容详见第六章。

4.1.3 财务评价的基本原则

1. 费用与效益计算范围的一致性原则

为了正确评价项目的盈利能力，必须遵循项目的直接费用与直接效益计算范围的一致性原则。正确的做法是，只计算项目的内部效果，即项目本身的内部效益和内部费用，不考虑因项目存在而产生的外部效益和外部费用，避免因人为地扩大效益和费用的计算范围，使得效益和费用缺乏可比的基础。只有将投入和产出的估算限定在同一范围内，计算的净效益才是投入的真实回报。

2. 费用与效益识别的有无对比原则

有无对比是项目评价中通用的费用与效益识别的基本原则。所谓"有"是指实施项目后在计算期内资产、费用与收益的预计情况，"无"是指无项目时可能发生的状况。有无对比的重点是要分清项目本身作用与项目以外的作用。采用有无对比的方法，就是为了识别那些真正应该算作项目效益的部分，即增量效益，排除那些由于其他原因产生的效益，同时也要找出与增量效益相对应的增量费用，才能真正体现项目投资的净效益。

3. 动态分析为主、静态分析为辅的原则

国际通行的财务评价都是以动态分析为主，即考虑资金时间价值的影响，根据项目整个寿命期各年的效益和费用情况，计算净现值和内部收益率等评价指标，判断项目的财务效益。而静态分析是不考虑资金的时间价值和项目寿命期，只根据某一年或某几年的财务数据判断项目的盈利和偿债能力的方法。尽管动态分析的计算过程复杂，但计算出的指标能较为准确地反映拟建项目的财务效益。因此，在财务评价中应坚持动态分析与静态分析相结合，以动态分析为主的原则。

4. 定量分析为主、定性分析为辅的原则

经济评价的本质就是要对拟建项目在整个计算期的经济活动，通过效益与费用的计算，对项目经济效益进行分析和比较。一般来说，项目经济评价要求尽量采用定量指标，但对一些不能量化的经济因素，不能直接进行数量分析，为此，需要进行定性分析，并与定量分析结合起来进行评价。

4.1.4 财务评价基准参数的选取

1. 内部收益率的判别基准

内部收益率包括项目财务内部收益率、项目资本金内部收益率以及投资各方的内部收益率或最低可接受收益率。

（1）项目财务内部收益率的判别基准。项目财务内部收益率的判别基准是财务基准收益率，可采用行业或公司统一发布执行的基准数据，也可以由评价者自行设定。近年来，采用项目的加权平均资金成本为基础来确定财务基准收益率的做法已成趋势。

（2）项目资本金内部收益率。项目资本金内部收益率的判别基准是最低可接受收益率。它的确定主要取决于当时的资本收益水平以及项目所有资本金投资者对权益资金收益的综合要求，涉及资金机会成本的概念以及投资者对风险的态度。

（3）投资各方的内部收益率的判别基准。投资各方的内部收益率的判别基准是投资各方对投资收益水平的最低期望值，也可以称为最低可接受收益率。它取决于投资者的决策理念、资本实力和对风险的承受能力。

2. 项目静态投资回收期的判别基准

项目投资回收期的判别基准是基准静态回收期，其取值可以根据行业水平或投资者的具体要求而定。

4.2 财务效益与费用估算

财务效益和费用是财务评价的重要基础，其估算的准确性与可靠程度直接影响财务评价结论。财务效益和费用的估算应注意遵守现行财务、会计以及税收制度的规定，应根据项目性质、类别和行业特点，明确相关政策和其他依据，选取适宜的方法，进行文字说明，并编制相关表格。

4.2.1 财务效益估算

1. 财务效益的内容

项目的财务效益与项目目标有直接的关系，项目目标不同，财务效益包含的内容也不同。

（1）市场化运作的经营性项目，项目目标是通过销售产品或提供服务实现盈利，其财务效益主要是指所获取的营业收入。对于某些国家鼓励发展的经营性项目，可以获得增值税的优惠。按照有关会计及税收制度，先征后返的增值税应记作补贴收入，作为财务效益进行核算。财务评价中应根据国家规定的优惠范围落实是否可采用这些优惠政策。对先征后返的增值税，财务评价中可进行有别于实际的处理，不考虑"征"和"返"的时间差。

（2）对于以向社会提供公共产品服务或以保护环境等为目标的非经营性项目，往往没有直接的营业收入,也就没有直接的财务效益。这类项目需要政府提供补贴才能维持正常运转,应将补贴收入作为项目的财务收益,通过预算平衡计算所需要补贴的数额。

(3)对于为社会提供准公共产品或服务,且运营维护采用经营方式的项目,如市政公用设施、交通、电力等项目,其产出价格往往受到政府管制,营业收入可能基本满足或不能满足补偿成本的要求,有些需要在政府提供补贴的情况下才具有财务生存能力。因此,这类项目的财务效益包括营业收入和补贴收入。

2. 营业收入的估算

营业收入是指销售产品或提供服务所取得的收入。估算营业收入主要考虑产品或服务的销售价格和销售量两大因素。

$$营业收入 = 产品或服务年销售量 \times 单位产品或服务销售价格 \quad (4-1)$$

(1)单位产品或服务的销售价格。产品或服务的销售价格取决于其去向和市场需求,并考虑国内外相应价格变化趋势,客观科学地确定产品或服务价格水平。产品或服务的销售价格一般采用出厂价,属于国家控制价格的物资按照国家规定的价格政策执行。

(2)产品或服务的年销售量。估算营业收入时,通常假定年生产量等于年销售量,不考虑库存。产品或服务的年销售量应充分考虑市场需要和项目在经营期各年的生产负荷。生产负荷是指项目运营过程中生产力达到设计生产能力的百分比,生产负荷的高低主要取决于市场。生产负荷确定的方式有两种:一是经验设定法,即根据以往经验,结合项目的实际情况,粗估各年的生产负荷,以设计能力的百分数表示;二是营销计划法,通过制订详细的分年营销计划,确定各年的生产量和商品量。提倡采用第二种方法。

(3)编制营业收入估算表。营业收入估算表的格式可随行业和项目而异,在估算营业收入的同时,还要完成相关流转税金,主要指营业税、增值税、消费税及营业税金附加等。所以营业收入估算表可单独给出,也可同时列出各种应纳营业税金及附加以及增值税。

3. 补贴收入的估算

对于先征后返的增值税、按销量或工作量等依据国家规定的补助定额计算并按期给予的定额补贴,以及属于财政扶持而给予的其他形式的补贴等,应计入补贴收入。在项目财务评价中,作为运营期财务效益核算的应是与收益相关的政府补助,主要用于补偿项目建成以后期间的相关费用或损失。按照《企业会计准则》,这些补助在取得时应确认为递延收益,在确认相关费用的期间计入当期损益(营业外收入)。

由于在项目的财务评价中通常可忽略营业外收入科目,特别是非经营性项目财务评价往往要推算为了维持正常运营或事项微利所需要的政府补助,客观上要单列一个财务效益科目,可称为"补贴收入"。

4.2.2 财务费用估算

项目的财务费用主要包括投资、成本费用和税金等。

1. 投资的估算

1）投资的含义和构成

投资是指特定经济主体为了在未来可预见的时期内获得收益或是资金增值，在一定时期内向一定领域的标的物投放足够数额的资金或实物的货币等价物的经济行为。

建设项目总投资是为完成工程项目建设并达到使用要求或生产条件，在建设期内预计或实际投入的全部费用总和，见图 4-2。生产性建设项目总投资包括固定资产投资和流动资产投资两部分；非生产性建设项目总投资一般仅指固定资产投资。

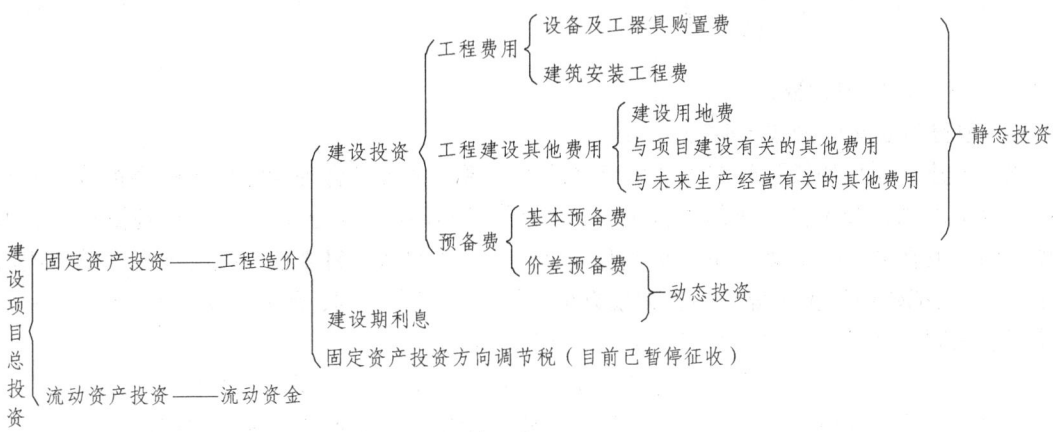

图 4-2　项目总投资构成

2）固定资产投资的估算

（1）静态投资部分的估算方法。

静态投资部分估算的方法很多，各有其适用的条件和范围，而且误差程度也不相同。一般情况下，应根据项目的性质、占有的技术经济资料和数据的具体情况，选用适宜的估算方法。在项目规划和建议书阶段，投资估算的精度较低，可采取简单的匡算法，如单位生产能力估算法、生产能力指数法、系数估算法、比例估算法或混合法等；在可行性研究阶段，投资估算精度要求高，需采用相对详细的投资估算方法，即指标估算法。

① 单位生产能力估算法。

单位生产能力估算法是根据已建成的、性质类似的建设项目的单位生产能力投资乘以建设规模，即得到拟建项目的静态投资额的方法。

$$C_2 = \left(\frac{C_1}{Q_1}\right) Q_2 \cdot f \tag{4-2}$$

式中　C_1——已建类似项目的静态投资额；

　　　C_2——拟建项目静态投资额；

　　　Q_1——已建类似项目的生产能力；

　　　Q_2——拟建项目的生产能力；

　　　f——不同时期、不同地点的定额、单价、费用变更等的综合调整系数。

这种方法将项目的建设投资与其生产能力的关系视为简单的线性关系，估算简便迅速，但精确度较差。而事实上，单位生产能力的投资会随生产规模的增加而减少，因此，这种方法用于与已建项目在规模和时间上相近的拟建项目，一般两者间的生产能力比值为 0.2～2，一般仅用于机会研究阶段。

② 生产能力指数法（指数估算法）。

生产能力指数法是根据已建成的类似项目的生产能力和投资额来粗略估算同类但生产能力不同的拟建项目静态投资额的方法，是对单位生产能力估算法的改进。

$$C_2 = C_1 \left(\frac{Q_2}{Q_1}\right)^x \cdot f \tag{4-3}$$

式中　x——生产能力指数；

其他符号含义同公式（4-2）。

该法中建设项目的投资额与生产力呈非线性关系，关键是合理确定生产能力指数。不同生产率水平的国家和不同性质的项目中，x 的取值是不同的。若已建类似项目规模和拟建项目规模的比值在 0.5～2，则 x 的取值近似为 1；若已建类似项目规模与拟建项目规模的比值为 2～50，且拟建项目生产规模的扩大仅靠增大设备规模来达到，则 x 的取值为 0.6～0.7；若是靠增加相同规格设备的数量达到，则 x 的取值在 0.8～0.9。

生产能力指数法与单位生产能力估算法相比精确度略高，其误差可控制在 ±20% 以内。生产能力指数法主要应用于设计深度不足、拟建建设项目与类似建设项目的规模不同、设计定型并系列化、行业内相关指数和系数等基础资料完备的情况。

③ 系数估算法（因子估算法）。

系数估算法是以拟建项目的主体工程费或主要设备购置费为基数，以其他工程费与主体工程费或设备购置费的百分比为系数，依此估算拟建项目静态投资的方法。我国常用的方法有设备系数法和主体专业系数法，世行项目投资估算常用的方法是朗格系数法。

a. 设备系数法。

设备系数法是指以拟建项目的设备购置费为基数，根据已建成的同类项目的建筑安装费和其他工程费等与设备价值的百分比，求出拟建项目建筑安装工程费和其他工程费，进而求出项目静态投资的方法。

$$C = E(1 + f_1 P_1 + f_2 P_2 + f_3 P_3 + \cdots) + I \tag{4-4}$$

式中　C——拟建项目的静态投资；

　　　E——拟建项目根据当时当地价格计算的设备购置费；

　　　P_1、P_2、P_3、……——已建项目中建筑安装工程费及其他工程费等与设备购置费的比例；

　　　f_1、f_2、f_3、……——由于时间、地点因素引起的定额、价格、费用标准等变化的综合调整系数；

　　　I——拟建项目的其他费用。

b. 主体专业系数法。

主体专业系数法是指以拟建项目中投资比重较大，并与生产能力直接相关的工艺设备投资为基数，根据已建同类项目的有关统计资料，计算出拟建项目各专业工程（总图、土建、采暖、给排水、管道、电气、自控等）与工艺设备投资的百分比，据以求出拟建项目各专业投资，然后加总即为拟建项目静态投资的方法。

$$C = E(1 + f_1 P_1' + f_2 P_2' + f_3 P_3' + \cdots) + I \tag{4-5}$$

式中　P_1'，P_2'，P_3'，…——已建项目中各专业工程费用与工艺设备投资的比重。

其他符号意义同公式（4-4）。

c. 朗格系数法。

朗格系数法是以设备购置费为基数，乘以适当系数来推算项目静态投资的方法。这种方法在国内不常见，是世行项目投资估算常采用的方法。该方法的基本原理是将项目建设总成本费用中的直接成本和间接成本分别计算，再合为项目的静态投资。

$$C = E(1 + \sum K_i) \cdot K_c \tag{4-6}$$

式中　K_i——管线、仪表、建筑物等项费用的估算系数；

　　　K_c——管理费、合同费、应急费等间接项目费用的总估算系数。

其他符号意义同公式（4-4）。

拟建项目静态投资与设备购置费之比为朗格系数 K_L，即：

$$K_L = (1 + \sum K_i) \cdot K_c \tag{4-7}$$

④ 比例估算法。

比例估算法是根据已知的同类建设项目主要生产工艺设备占整个建设项目的投资比例，先逐项估算出拟建项目主要生产工艺设备投资，再按比例估算拟建项目静态投资的方法。

$$I = \frac{1}{K} \sum_{i=1}^{n} Q_i P_i \tag{4-8}$$

式中　I——拟建项目的静态投资；

　　　K——已建项目主要设备投资占拟建项目投资的比例；

　　　n——设备种类数；

　　　Q_i——第 i 种设备的数量；

　　　P_i——第 i 种设备的单价（到厂价格）。

比例估算法主要应用于设计深度不足、拟建建设项目与类似建设项目的主要生产工艺设备投资比重较大、行业内相关系数等基础资料完备的情况。

⑤ 混合法。

混合法是根据主体专业设计的阶段和深度，投资估算编制者所掌握的国家及地区、行业或部门相关投资估算基础资料和数据，以及其他统计和积累的、可靠的相关造价基础资料，对一个拟建建设项目采用生产能力指数法与比例估算法或系数估算法与比例估算法混合估算其相关投资额的方法。

⑥ 指标估算法。

指标估算法是根据各种具体的投资估算指标，进行单位工程投资估算的方法。投资估算指标的形式较多，投资估算指标乘以所需的面积、体积、容量等，就可以求出相应的土建工程、给排水工程、照明工程、采暖工程、变配电工程等各单位工程的投资，在此基础上，可汇总成每一单项的投资。另外再估算工程建设其他费、基本预备费等，形成拟建建设项目静态投资。

（2）动态投资部分的估算方法。

动态投资包括价差预备费和建设期利息两部分。动态部分的估算应以基准年静态投资的资金使用计划为基础来计算，而不以编制的年静态投资为基础计算。

① 价差预备费的估算。

价差预备费是指为建设期内利率、汇率或价格等因素的变化而预留的可能增加的费用，亦称为价格变动不可预见费、涨价预备费。价差预备费主要包括：人工、设备、材料、施工机械的价差费，建筑安装工程费及工程建设其他费用调整，利率、汇率调整等增加的费用。价差预备费一般根据国家规定的投资综合价格指数，按估算年份价格水平的投资额为基数，采用复利方法计算。

$$PF = \sum_{t=1}^{n} I_t[(1+f)^m(1+f)^{0.5}(1+f)^{t-1} - 1] \quad (4-9)$$

式中　PF——价差预备费；

　　　n——建设期年份数；

　　　I_t——建设期中第 t 年的投资计划额，包括工程费用、工程建设其他费用及基本预备费，即第 t 年的静态投资计划额；

　　　f——年涨价率，政府部门有规定的按规定执行，没有规定的由可行性研究人员预测；

　　　m——建设前期年限（从编制估算到开工建设，单位为年）。

【例 4-1】　某建设项目的工程费用及工程建设其他费用合计为 2 500 万元，项目建设前期为 0 年，项目建设期为 2 年，每年各完成投资计划的 50%。在基本预备费率为 5%、年均投资价格上涨率为 10% 的情况下，求建设期的涨价预备费。

【解】　基本预备费 = 2 500 × 5% = 125（万元）

静态投资额 = 2 500 + 125 = 2 625（万元）

第 1 年涨价预备费 = 2 625 × 50% × [(1+10%)$^{0.5}$ − 1] = 64.06（万元）

第 2 年涨价预备 = 2 625 × 50% × [(1+10%)$^{0.5}$(1 + 10%) − 1] = 201.72（万元）

建设期涨价预备费 = 64.06 + 201.72 = 265.78（万元）

② 建设期利息的估算。

建设期利息主要是指在建设期内发生的为工程项目筹措资金的融资费用及债务资金利息。当总贷款是分年均衡发放时，建设期利息的计算可按当年借款在年中支用考虑，即当年贷款按半年计息，上年贷款按全年计息。

$$q_j = \left(P_{j-1} + \frac{1}{2}A_j\right) \cdot i \quad (4-10)$$

式中　q_j——建设期第 j 年应计利息；

　　　P_{j-1}——建设期第 $j-1$ 年末累计贷款本金与利息之和；

　　　A_j——建设期第 j 年贷款金额；

　　　i——年利率。

国外贷款利息的计算中,还应包括国外贷款银行根据贷款协议向贷款方以年利率的方式收取的手续费、管理费、承诺费,以及国内代理机构经国家主管部门批准的以年利率的方式向贷款单位收取的转贷费、担保费、管理费等。

【例 4-2】 某新建项目建设期为 3 年,分年均衡进行贷款,第一年贷款 600 万元,第二年贷款 1 000 万元,第三年贷款 800 万元,年利率为 10%,建设期内利息只计息不支付,计算建设期应计利息。

【解】 第 1 年利息 = $\frac{1}{2} \times 600 \times 10\% = 30$（万元）

第 2 年利息 = $(30 + 600 + \frac{1}{2} \times 1\,000) \times 10\% = 113$（万元）

第 3 年利息 = $(600 + 30 + 1\,000 + 113 + \frac{1}{2} \times 800) \times 10\% = 214.3$（万元）

建设期利息 = 30 + 113 + 214.3 = 357.3（万元）

3）流动资金的估算

流动资金是指项目运营需要的流动资产投资,指生产经营性项目投产后,为进行正常生产运营,用于购买原材料、燃料,支付工资及其他经营费用等所需的周转资金。流动资金的显著特点是在生产过程中不断周转,其周转额的大小与生产规模及周转速度直接相关。

流动资金估算一般采用分项详细估算法,个别情况或者小型项目可采用扩大指标法。

（1）分项详细估算法。

分项详细估算法是根据项目的流动资产和流动负债,估算项目所占用流动资金的方法。其准确度较高,故常用于项目的可行性研究阶段。计算公式如下:

$$流动资金 = 流动资产 - 流动负债 \tag{4-11}$$

$$流动资产 = 应收账款 + 预付账款 + 存货 + 库存现金 \tag{4-12}$$

$$流动负债 = 应付账款 + 预收账款 \tag{4-13}$$

$$流动资金本年增加额 = 本年流动资金 - 上年流动资金 \tag{4-14}$$

进行流动资金估算时,首先计算各类流动资产和流动负债的年周转次数,然后再分项估算占用资金额。

① 周转次数。周转次数是指流动资金的各个构成项目在一年内完成多少个生产过程,可用 1 年天数（通常按 360 天计算）除以流动资金的最低周转天数计算,则各项流动资金年平均占用额度为流动资金的年周转额度除以流动资金的年周转次数。即:

$$周转次数 = 360/流动资金最低周转天数 \tag{4-15}$$

② 应收账款。应收账款是指企业对外赊销商品、提供劳务尚未收回的资金。

$$应收账款 = 年经营成本/应收账款周转次数 \tag{4-16}$$

③ 预付账款。预付账款是指企业为购买各类材料、半成品或服务所预先支付的款项。

$$预付账款 = 外购商品或服务年费用金额/预付账款周转次数 \tag{4-17}$$

④ 存货。存货是指企业为销售或者生产耗用而储备的各种物资，主要有原材料、辅助材料、燃料、低值易耗品、维修备件、包装物、商品、在产品、自制半成品和产成品等。为简化计算，仅考虑外购原材料、燃料、其他材料、在产品和产成品，并分项进行计算。

存货 = 外购原材料、燃料 + 其他材料 + 在产品 + 产成品 (4-18)

外购原材料、燃料 = 年外购原材料、燃料费用/分项周转次数 (4-19)

其他材料 = 年其他材料费用/其他材料周转次数 (4-20)

$$在产品 = \frac{年外购原材料、燃料 + 年工资及福利费 + 年修理费 + 年其他制造费用}{在产品周转次数}$$

(4-21)

产成品 = （年经营成本 − 年其他营业费用）/产成品周转次数 (4-22)

⑤ 现金。项目流动资金中的现金是指货币资金，即企业生产运营活动中停留于货币形态的那部分资金，包括企业库存现金和银行存款。

现金 = （年工资及福利费 + 年其他费用）/现金周转次数 (4-23)

年其他费用 = 制造费用 + 管理费用 + 营业费用 −
（以上三项费用中所含的工资及福利费、折旧费、
摊销费、修理费） (4-24)

⑥ 流动负债估算。流动负债是指在一年或者超过一年的一个营业周期内，需要偿还的各种债务，包括短期借款、应付票据、应付账款、预收账款、应付工资、应付福利费、应付股利、应交税金、其他暂收应付款、预提费用和一年内到期的长期借款等。在可行性研究中，流动负债的估算可以只考虑应付账款和预收账款两项。

应付账款 = 外购原材料、燃料动力费及其他材料年费用/应付账款周转次数 (4-25)

预收账款 = 预收的营业收入年金额/预收账款周转次数 (4-26)

流动资金一般要求在投产前一年开始筹措，为简化计算，可规定在投产的第一年开始按生产负荷安排流动资金需用量。其借款部分按全年计算利息，流动资金利息应计入生产期间财务费用，项目计算期末收回全部流动资金（不含利息）。

（2）扩大指标法。

扩大指标估算法是根据现有同类企业的实际资料，求得各种流动资金率指标，亦可依据行业或部门给定的参考值或经验确定比率，将各类流动资金率乘以相对应的费用基数来估算流动资金。一般常用的基数有营业收入、经营成本、总成本费用和建设投资等，究竟采用何种基数依行业习惯而定。扩大指标估算法简便易行，但准确度不高，适用于项目建议书阶段的估算。其计算公式为：

年流动资金额 = 年费用基数 × 各类流动资金率（%） (4-27)

2. 成本费用的估算

工程经济分析中不严格区分费用与成本，而将它们均视为现金流出。成本与费用按计算

范围可分为单位产品成本和总成本费用；按成本与产量的关系分为固定成本和可变成本；按会计核算的要求有生产成本和期间费用；按财务评价的特定要求有经营成本。

1）总成本费用的估算

总成本费用是指一定时期（项目评价中一般指1年）为生产和销售产品或提供服务而发生的全部费用。财务评价中总成本费用的估算通常有两种方法：

（1）生产成本加期间费用法（表4-1）。

$$总成本费用 = 生产成本 + 期间费用 \tag{4-28}$$

$$生产成本 = 直接材料费 + 直接燃料和动力费 + 直接工资 +$$
$$其他直接支出 + 制造费用 \tag{4-29}$$

$$期间费用 = 管理费用 + 财务费用 + 营业费用 \tag{4-30}$$

项目财务评价中财务费用一般只考虑利息支出。

表 4-1　总成本费用组成

总成本费用	生产成本	直接材料费	包括原材料、辅助材料、备品备件、外购半成品、燃料、动力、包装物等
		直接工资	直接从事产品生产人员的工资、奖金、津贴和各类补贴、福利费等
		制造费用	发生在生产单位（车间）的间接费用，包括：生产单位管理人员工资、奖金、津贴、福利费；生产单位房屋和建筑物等固定资产折旧费；维修费；低值易耗品，以及取暖费、水电费、差旅费、保险费、劳动保护费；等
	期间费用	管理费用	企业行政管理部门管理和组织经营活动而发生的各项费用，包括：企业管理人员的工资、福利及补贴，固定资产折旧费，无形资产及递延资产摊销费，办公费、差旅费、技术转让费，土地使用税、车船使用税、房产税、印花税，等
		财务费用	企业为筹集资金而发生的各项费用，包括利息支出、手续费等
		营业费用	企业为销售产品而发生的各项费用，包括运输费、折旧费、销售人员工资、佣金及福利费和广告费等

（2）生产要素估算法。

生产要素估算法从各种生产要素的费用入手，汇总得到总成本费用。

$$总成本费用 = 外购原材料、燃料及动力费 + 人工工资及福利费 +$$
$$折旧费 + 摊销费 + 修理费 + 利息支出 + 其他费用 \tag{4-31}$$

其中，其他费用包括其他制造费用、其他管理费用、其他营业费用，是指由制造费用、管理费用和营业费用中分别扣除工资、折旧费、摊销费和修理费等以后的其余部分。

2）经营成本的估算

经营成本是财务评价的现金流量分析中所使用的特定概念，作为运营期的主要现金流出。经营成本与融资方案无关，一般在完成建设投资和营业收入估算以后，就可估算经营成本，为项目融资前分析提供数据。

经营成本 = 外购原材料费 + 外购燃料及动力费 + 工资及福利费 +
修理费 + 其他费用 (4-32)

经营成本 = 总成本费用 − 折旧费 − 摊销费 − 利息支出 (4-33)

3）固定成本与可变成本

为了进行盈亏平衡分析和不确定性分析，根据成本费用与产量的关系可将总成本费用分解为固定成本和可变成本。固定成本是指不随产品产量变化的各项成本费用，可变成本是指随产品产量增减而成正比例变化的各项成本费用。项目财务评价中一般可根据行业特点进行简化处理。通常固定成本主要包括工资或薪酬（计件工资除外）、折旧费、摊销费、修理费、其他费用等，长期借款利息、流动资金借款和短期借款利息可简化视为固定成本。可变成本主要包括外购原材料、燃料及动力费、包装费、计件工资等。

4）维持运营投资费用

在项目运营期内发生的固定资产更新费用和矿产资源开发项目的开拓延伸费用等，应计入维持运营投资费用，并在现金流量表中列入现金流出，同时适当调整相关报表。

3. 折旧费的估算

折旧费是指固定资产在使用过程中由于磨损而逐步转移到产品价值中的那部分固定资产的价值，是固定资产价值的一种补偿形式。常用的计算折旧费的方法有直线折旧法、工作量法、双倍余额递减法、年数总和法等。

1）直线折旧法（平均年限法）

平均年限法是指按固定资产预计使用年限平均计算折旧的一种方法。按此方法计算提取的折旧额，在各个使用年份或月份都是相等的，因此又叫直线法。平均年限法是最常用的固定资产折旧方法，适用于生产较为均衡的固定资产。

$$年折旧率 = \frac{1 - 预计净残值率}{折旧年限} \times 100\% \quad (4-34)$$

$$年折旧额 = 固定资产原值 \times 年折旧率 = \frac{固定资产原值 - 预计净残值}{折旧年限} \quad (4-35)$$

2）工作量法

工作量法是根据实际工作量计提折旧额的一种方法，工作量可以是产量、行驶里程或工时数。这种方法是直线折旧法的一种改进，适用于各期完成工作量不均衡的固定资产。

$$单位工作量折旧额 = \frac{固定资产原值 \times (1 - 预计净残值率)}{总工作量} \quad (4-36)$$

$$年折旧额 = 单位工作量折旧额 \times 年工作量 \quad (4-37)$$

【例 4-3】 某大型机器购买时的价格为 180 000 元，运输费为 5 000 元，净残值为 300 元，按规定可以使用 320 个台班。2015 年 1 月实际使用了 45 个台班，求 1 月份的折旧额。

【解】 每台班折旧额 = $\dfrac{180\,000+5\,000-300}{320}$ = 577.19（元）

1月折旧额 = 577.19 × 45 = 25 973.55（元）

3）双倍余额递减法——加速折旧法

双倍余额递减法是在不考虑固定资产残值的情况下，按双倍直线折旧率和固定资产净值来计算折旧的方法。

$$\text{年折旧率} = \dfrac{2}{\text{折旧年限}} \times 100\% \qquad (4\text{-}38)$$

$$\text{年折旧额} = \text{年初固定资产净值} \times \text{年折旧率} \qquad (4\text{-}39)$$

$$\text{年初固定资产净值} = \text{固定资产净值} - \text{以前各年累计折旧额} \qquad (4\text{-}40)$$

采用此方法，应当在固定资产折旧年限到期前两年内，将固定资产净值扣除预计净残值后的净额平均摊销。

4）年数总和法——加速折旧法

年数总和法是将固定资产的原值减去残值后的净额乘以一个逐年递减的分数来计算每年折旧额的方法。

$$\text{年折旧率} = \dfrac{\text{折旧年限} - \text{已使用年数}}{\text{折旧年限} \times (\text{折旧年限}+1) \div 2} \times 100\% \qquad (4\text{-}41)$$

$$\text{年折旧额} = (\text{固定资产原值} - \text{预计净残值}) \times \text{年折旧率} \qquad (4\text{-}42)$$

【例4-4】 某固定资产原值16 000万元，折旧年限为5年，净残值率为5%，分别用平均年限法、双倍余额递减法、年数总和法计算折旧。

【解】 （1）平均年限法：

年折旧率 = $\dfrac{1-5\%}{5} \times 100\%$ = 19%

各年折旧额 = 16 000 × 19% = 3 040（元）

（2）双倍余额递减法：

年折旧率 = $\dfrac{2}{5} \times 100\%$ = 40%

第1年折旧额 = 16 000 × 40% = 6 400（元）

第2年折旧额 = （16 000 - 6 400）× 40% = 3 840（元）

第3年折旧额 = （16 000 - 6 400 - 3 840）× 40% = 2 304（元）

第4、5年折旧额 = [（16 000 - 6 400 - 3 840 - 2 304）-（16 000 × 5%）] ÷ 2 = 1 328（元）

（3）年数总和法：

第1年年折旧率 = $\dfrac{5-0}{5 \times (5+1) \div 2} \times 100\%$ = 33.33%

第1年折旧额 = （16 000 - 16 000 × 5%）× 33.33% = 5 066.16（元）

第 2 年年折旧率 = $\dfrac{5-1}{5\times(5+1)\div 2}\times 100\% = 26.67\%$

第 2 年折旧额 =（16 000 – 16 000×5%）× 26.67% = 4 053.84（元）

第 3 年年折旧率 = $\dfrac{5-2}{5\times(5+1)\div 2}\times 100\% = 20\%$

第 3 年折旧额 =（16 000 – 16 000×5%）× 20% = 3 040（元）

第 4 年年折旧率 = $\dfrac{5-3}{5\times(5+1)\div 2}\times 100\% = 13.33\%$

第 4 年折旧额 =（16 000 – 16 000×5%）× 13.33% = 2 026.16（元）

第 5 年年折旧率 = $\dfrac{5-4}{5\times(5+1)\div 2}\times 100\% = 6.67\%$

第 5 年折旧额 =（16 000 – 16 000×5%）× 6.67% = 1 013.84（元）

4. 摊销费的估算

摊销费的估算主要包括无形资产和递延资产的摊销。无形资产是指企业拥有或控制的没有实物形态的可辨认非货币性资产，包括专利权、非专利技术、商标权、著作权、土地使用权和特许权等。递延资产是指除固定资产、无形资产和流动资产之外的其他资产，如开办费等。

无形资产和递延资产的摊销一般不计残值，从受益之日起，在一定期间分期平均摊销。无形资产和递延资产的摊销期限，凡法律和合同或企业申请书分别规定有效期限和受益年限的，按照法定有效期限与合同或企业申请书规定的受益年限孰短的原则确定。无法律规定的情况下，无形资产的摊销年限不得低于 10 年，递延资产的摊销年限不得低于 5 年。

5. 利息支出的估算

利息支出的估算包括长期借款利息、流动资金借款利息和短期借款利息三部分，其中长期借款利息通常是由建设投资借款引起的。具体计算方法参照借款还本付息计划表编制的相关内容。

6. 税金的估算

税金是国家依据法律对有纳税义务的单位和个人征收的财政资金。税收是国家凭借政治权利参与国民收入分配和再分配的一种方式，具有强制性、无偿性和固定性的特点。税收是国家取得财政收入的主渠道，也是国家对各项经济活动进行宏观调控的重要杠杆。

财务评价中涉及的税费主要包括增值税、增值税附加税、营业税、消费税、资源税、所得税、关税等。有些行业还包括土地增值税、矿产资源补偿费等。此外还有车船税、房产税、土地使用税、印花税和契税等。税金一般属于财务现金流出，在进行税金计算时应说明税种、税基、税率、计税额等。

1）增值税

增值税以商品生产、流通和劳动服务各个环节的增值额为征税对象。在我国境内销售货物或者提供加工、修理修配劳务以及进口货物的单位或个人都应缴纳增值税。

$$应纳税额 = 当期销项税额 - 当期进项税额 \tag{4-43}$$

$$销项税额 = 销售额 \times 税率 \tag{4-44}$$

纳税人购进货物或接受应税劳务支付或负担的增值税额为进项税额。下列进项税额可以从销项税额中抵扣：

① 从销售方取得的增值税专用发票上注明的增值税额；

② 从海关取得的海关进口增值税专用缴款书上注明的增值税额。

财务评价中可抵扣的固定资产增值税仅包括设备、主要安装材料的进项税额。

2）增值税附加税

增值税附加税包括城市维护建设税、教育费附加、地方教育费附加。

城市维护建设税是国家为加强城市的维护建设，扩大和稳定城市维护建设资金来源而开征的一种税。城市维护建设税按照纳税人项目所在地区的不同，实行差别比例税率：① 纳税人项目所在地区为市区的，税率为7%；② 纳税人项目所在地区为县城、镇的，税率为5%；③ 纳税人项目所在地区不在市区、县城或镇的，税率为1%。

$$城市维护建设税额 = 实际缴纳的增值税 \times 适用税率 \tag{4-45}$$

教育费附加是为加快发展地方教育事业，扩大地方教育经费的资金来源而征收的一种附加税。教育费附加的纳税人与城市维护建设税的纳税人相同，教育费附加的征收标准为纳税人实际缴纳的增值税的3%。地方教育附加征收标准为单位和个人实际缴纳的增值税的2%。

$$（地方）教育费附加 = 实际缴纳的增值税 \times 适用税率 \tag{4-46}$$

在进行财务评价时可按增值税附加综合税率估算。

$$增值税附加税 = 增值税 \times 增值税附加综合税率 \tag{4-47}$$

3）消费税

消费税的纳税义务人是在我国境内生产、委托加工和进口某些消费品的单位和个人。征收消费税的消费品大体分为5类：第一类是一些过度消费会对人类健康、社会秩序、生态环境等造成危害的特殊消费品，如烟、酒、鞭炮等；第二类是奢侈品、非生活必需品；第三类是高能耗及高档消费品；第四类是不可再生稀缺资源消费品；第五类是消费普遍、税基宽广、征税不会明显影响人民生活水平但有一定财政意义的产品。对于应税消费品既要征收消费税，又要征收增值税。

4）土地增值税

土地增值税的纳税人是转让国有土地使用权、地上建筑物及其附着物并取得收入的单位和个人。土地增值税以纳税人转让房地产所取得的收入减除税法规定的扣除项目金额后的余额为计税依据，实行四级超率累进税率。

5）资源税

资源税是对在我国境内开采原油、天然气、煤炭等非金属矿原矿、黑色金属矿原矿、有色金属矿原矿及生产盐的单位和个人征收的一种税。征收此税的目的在于调节因资源条件差异而形成的资源级差收入，促进国有资源的合理开采与利用，同时为国家取得一定的财政收入。

6）企业所得税

企业所得税的纳税人是指企业或其他取得收入的组织（以下统称企业）。企业所得税的计税依据为应纳税所得额，即企业每一纳税年度的收入总额，减除不征税收入、免税收入、各项扣除以及允许弥补的以前年度亏损后的余额。现行的企业所得税税率为25%。

7）关　税

进出口关税的纳税人是进口货物的收货人、出口货物的发货人及进境物品的所有人。进出口关税的计税依据以进出口货物的完税价格为计税依据。进（出）口货物的完税价格由海关以该货物的成交价格以及该货物运抵中华人民共和国境内输入（输出）地点起卸前的运输及其相关费用、保险费为基础审查确定。进口关税设置最惠国税率、协定税率、特惠税率、普通税率、关税配额税率等。对进出口货物在一定期限内可以实行暂定税率。

4.3　财务评价报表的编制

财务评价应在项目财务效益与费用估算的基础上进行。对于经营性项目，财务评价应通过编制财务评价报表，计算财务指标，分析项目的盈利能力、偿债能力和财务生存能力，判断项目的财务可接受性，明确项目对财务主体及投资者的价值贡献，为项目决策提供依据。对于非经营性项目，财务评价应主要分析项目的财务生存能力。

项目决策可分为投资决策和融资决策两个层次。投资决策重在考察项目净现金流的价值是否大于其投资成本，融资决策重在考察资金筹措方案能否满足要求。根据不同的决策需要，财务评价可分为融资前分析和融资后分析。

4.3.1　融资前财务评价报表

财务评价一般先进行融资前分析，即不考虑债务融资条件下进行的财务评价。融资前分析只进行盈利能力分析，应以营业收入、建设投资、经营成本和流动资金的估算为基础，考察整个计算期内现金流入和现金流出，编制项目投资现金流量表。融资前分析排除了融资方案变化的影响，从项目投资总获利能力的角度，考察项目方案设计的合理性，以动态分析为主，静态分析为辅。融资前分析计算的相关指标，应作为初步投资决策与融资方案研究的依据和基础。融资前财务评价报表主要指项目投资现金流量表。

项目投资现金流量表（全部投资现金流量表，表 4-2）不分资金来源，以全部投资（包括自有资金和借贷资金等）作为计算基础，不考虑资金的借贷及其偿还等财务条件。通过此表，可以计算所得税前及所得税后的财务内部收益率、财务净现值和投资回收期等评价指标，以考察项目全部投资的盈利能力，判断方案的可行性。

表 4-2 项目全部投资现金流量表　　　　　单位：万元

序号	项　目	合计	计算期				
			1	2	3	...	N
1	现金流入量						
1.1	营业收入（不含销项税额）						
1.2	销项税额						
1.3	补贴收入						
1.4	回收固定资产余值						
1.5	回收流动资金						
2	现金流出量						
2.1	建设投资						
2.2	流动资金投资						
2.3	经营成本（不含进项税额）						
2.4	进项税额						
2.5	应纳增值税						
2.6	增值税附加税						
2.7	营业税金及附加						
2.8	维持运营投资						
3	所得税前净现金流量（1−2）						
4	累计所得税前净现金流量						
5	基准收益率						
6	折现后净现金流量（3×5）						
7	累计所得税后净现金流量						

（1）现金流入主要是营业收入，还可能包括补贴收入，在计算期最后一年，还包括回收固定资产余值及回收流动资金。固定资产余值回收额为固定资产折旧费估算表中最后一年的固定资产期末净值，流动资金回收额为项目正常生产年份流动资金的占用额。

（2）现金流出主要包括建设投资、流动资金、经营成本、增值税附加税、维持运营投资、调整所得税、营业税金及附加。固定资产投资和流动资金的数额取自项目总投资使用计划与资金措施表；流动资金投资为各年流动资金增加额；经营成本取自总成本费用估算表；增值税附加税包括城市维护建设税、教育费附加和地方教育费附加，它们可按增值税附加综合税率估算。维持运营投资主要根据项目实际情况确定。

（3）调整所得税是根据息税前利润（EBIT）乘以所得税率（25%）计算。

$$息税前利润 = 营业收入（不含销项税额） − 经营成本（不含进项税额） − \\ 折旧费 − 摊销费 − 维持运营投资（计入总成本的） − \\ 增值税附加 + 补贴收入 \quad (4\text{-}48)$$

（4）项目计算期各年的净现金流量为各年现金流入量减对应年份的现金流出量，各年累计净现金流量为本年及以前各年净现金流量之和。

4.3.2 融资后财务评价报表

在融资前分析结论满足要求的前提下，初步设定融资方案，可进行融资后分析，进而判断项目方案在融资条件下的合理性。融资后分析包括项目盈利能力分析、偿债能力分析及财务生存能力分析，是比选融资方案、进行融资决策和投资者最终决定出资的依据。

1. 融资后盈利能力分析

1）项目资本金现金流量表的编制

资本金现金流量分析是在拟订的融资方案下，从项目资本金出资者整体的角度，确定其现金流入和现金流出，编制项目资本金现金流量表（表4-3），计算项目资本金内部收益率指标，考察项目资本金可获得的收益水平，属于动态分析的范畴。

表4-3 项目资本金现金流量表　　　　　单位：万元

序号	项目	合计	计算期				
			1	2	3	…	N
1	现金流入量						
1.1	营业收入（不含销项税额）						
1.2	销项税额						
1.3	补贴收入						
1.4	回收固定资产余值						
1.5	回收流动资金						
2	现金流出量						
2.1	项目资本金						
2.2	借款本金偿还						
2.3	借款利息支付						
2.4	流动资金投资						
2.5	经营成本（不含进项税额）						
2.6	进项税额						
2.7	应纳增值税						
2.8	增值税附加						
2.9	维持运营投资						
2.10	所得税						
3	所得税后净现金流量（1-2）						
4	累计税后净现金流量						
5	基准收益率						
6	折现后净现金流量						
7	累计折现净现金流量						

（1）现金流入各项数据来源与项目投资现金流量表相同。

（2）现金流出主要包括项目资本金、借款本金偿还、借款利息支付、经营成本、增值税附加、维持运营投资、所得税等。项目资本金取自项目总投资计划与资金筹措表中资金筹措项下的自有资金分项。借款本金偿还额为借款还本付息计划表中本年还本额，特别注意的是在计算期的最后一年，还包括流动资金借款本金偿还。借款利息支付额来自总成本费用估算表中的利息支出项。现金流出其他各项数据来源与项目投资现金流量表相同。

$$所得税 = 利润总额 \times 所得税率 \tag{4-49}$$

$$利润总额 = 营业收入（不含销项税额）- 经营成本（不含进项税额）- \\ 折旧费 - 摊销费 - 利息 - 维持运营投资（计入总成本的）- \\ 增值税附加 + 补贴收入 \tag{4-50}$$

$$利润总额 = 营业收入 - 总成本 - 增值税附加 + 补贴收入 \tag{4-51}$$

（3）项目计算期各年的净现金流量为各年现金流入量减对应年份的现金流出量。

2）利润和利润分配表（损益表）的编制

除了进行现金流量分析以外，还可根据项目具体情况进行静态分析。静态分析编制的报表是利润和利润分配表，反映项目计算期内各年的利润总额、所得税及税后利润的分配情况，用以计算投资利润率、投资利税率和资本金利润率等指标。该表的编制需依据总成本费用估算表、营业收入和增值税金及附加估算表及表中各项目之间的关系来进行。

当营业收入中不含销项税额、总成本费用中不含进项税额时，利润与利润分配表如表4-4所示。

表4-4 利润与利润分配表　　　　　单位：万元

序号	项目	合计	计算期				
			1	2	3	…	N
1	营业收入（不含销项税额）						
2	增值税附加						
3	总成本费用（不含进项税额）						
4	补贴收入						
5	利润总额 = 1 - 2 - 3 + 4						
6	弥补以前年度亏损						
7	应纳税所得额 = 5 - 6						
8	所得税 = 7 × 25%						
9	净利润 = 5 - 8						
10	期初未分配利润						
11	可供分配的利润 = 9 + 10						
12	提取法定盈余公积						

续表

序号	项 目	合计	计算期 1	2	3	…	N
13	可供投资者分配的利润＝11－12						
14	应付投资者各方股利						
15	未分配利润＝13－14						
15.1	用于还款的未分配利润						
15.2	剩余利润（转下年期初未分配利润）						
16	息税前利润＝利润总额＋利息支出						
17	息税折旧摊销前利润＝息税前利润＋折旧＋摊销						

当营业收入中含销项税额、总成本费用中含进项税额时，利润与利润分配表如表 4-5 所示。

表 4-5　利润与利润分配表（含税）　　　　　　　　　　单位：万元

序号	项 目	合计	运营期 1	2	3	…	N
1	营业收入（含销项税额）						
2	总成本费用（含进项税额）						
3	增值税 3＝3.1－3.2						
3.1	销项税						
3.2	进项税						
4	增值税附加税						
5	补贴收入						
6	利润总额＝1－2－3－4＋5						
7	弥补以前年度亏损						
8	应纳税所得额＝6－7						
9	所得税＝8×25%						
10	净利润＝6－9						
11	期初未分配利润						
12	可供分配的利润＝10＋11						
13	提取法定盈余公积金						
14	可供投资者分配的利润＝12－13						
15	应付投资者各方股利						
16	未分配利润＝14－15						
16.1	用于还款的未分配利润						
16.2	剩余利润（转下年期初未分配利润）						
17	息税前利润＝利润总额＋利息支出						
18	息税折旧摊销前利润＝息税前利润＋折旧＋摊销						

（1）项目亏损及亏损弥补的处理。项目在上一年度发生的亏损，可以用当年获得的所得税前利润弥补；当年所得税前利润不足弥补的，可以在5年内用所得税前利润延续弥补；延续5年未弥补的亏损，用缴纳所得税后的利润弥补。

（2）所得税的计算。利润总额按照现行财务制度规定进行调整（如弥补上年的亏损）后，作为评估计算项目应缴纳所得税额的计税基数。现行所得税税率为25%。国家对特殊项目有减免所得税规定的，按国家主管部门的有关规定执行。

（3）所得税后利润额的分配按照下列顺序进行：

① 弥补企业以前年度的亏损。

② 提取法定盈余公积金。法定盈余公积金按当年净利润的10%提取，其累计额达到项目法人注册资本的50%以上时可不再提取。法定盈余公积金可用于弥补亏损或按照国家规定转增资本金等。

③ 提取法定公益金。法定公益金按当年净利润的5%~10%提取，主要用于企业职工的集体福利设施支出。

④ 向投资者分配利润。项目当年无盈利，不得向投资者分配利润；企业上年度未分配的利润，可以并入当年向投资者分配。

⑤ 利润用于上述分配后剩余部分为未分配利润。

2．融资后偿债能力分析

1）借款还本付息计划表

通常是根据债务资金偿还条件和方式计算并编制借款还本付息计划表，并据此计算利息备付率、偿债备付率等指标。在编制利息借款还本付息计划表（表4-6）时，要特别注意利息的估算包括长期借款利息、流动资金借款利息和短期借款利息三部分，其中长期借款利息通常是由建设投资借款引起的。

表4-6 借款还本付息计划表　　　　　　　　单位：万元

序号	项目	合计	计算期				
			1	2	3	…	N
1	借款1（长期借款）						
1.1	期初借款余额						
1.2	当期借款						
1.3	当期还本付息						
	其中：还本						
	付息						
1.4	期末借款余额						
2	借款2（流动资金）						
2.1	期初借款余额						
2.2	当期借款						

续表

序号	项目	合计	计算期				
			1	2	3	...	N
2.3	当期还本付息						
	其中：还本						
	付息						
2.4	期末借款余额						
3	债务						
3.1	期初债务余额						
3.2	当期债务						
3.3	当期还本付息						
	其中：还本						
	付息						
3.4	期末债务余额						
4	借款和债务合计						
4.1	期初余额						
4.2	当期借款和债务						
4.3	当期还本付息						
	其中：还本						
	付息						
4.4	期末余额						
计算指标	利息备付率（%）						
	偿债备付率（%）						

（1）建设投资借款还本付息的估算。

建设投资借款还本付息估算主要是测算还款期的利息和偿还贷款的时间，从而观察项目的偿还能力和收益，为财务效益评价和项目决策提供依据。项目在建设期借入的建设投资借款本金及其在建设期的借款利息（即资本化利息）两部分构成建设投资借款总额，在项目投产后可用经过利润分配程序后的未分配利润、固定资产折旧、无形资产和其他资产摊销及其他还款资金来偿还。

建设投资借款的年度还本付息可采用等额还本付息，或等额还本、利息照付两种还款方式来计算。

① 等额还本付息。

等额还本付息是指在还款期内每年偿还的本金利息之和是相等的，但每年支付的本金数和利息数均不相等。采用等额还本付息法，利息将随偿还本金后欠款的减少而减少，偿还的本金则逐年增大，故此法适用于投产初期效益较差，而后期效益较好的项目。计算步骤如下：

a. 计算建设期末的累计借款本金与资本化利息之和 I_c。

b. 利用资金回收系数计算每年等值的还本付息额 A：

$$A = I_c(A/P, i, n) \tag{4-52}$$

c. 计算每年应付的利息：

$$\text{每年应付的利息} = \text{年初借款余额} \times \text{年利率} \tag{4-53}$$

$$\text{年初借款余额} = I_c - \text{本年之前各年偿还的本金累计值} \tag{4-54}$$

d. 计算每年偿还的本金

$$\text{每年偿还的本金} = A - \text{每年支付利息} \tag{4-55}$$

② 等额还本、利息照付。

等额还本、利息照付是指在还款期内每年偿还的本金是相同的，利息按照实际支付，各年利息不相等，每年偿还的本利和也不相等。由于每年偿还的本金是相等的，所以项目投产初期还本付息的压力较大，故此法适用于投产初期效益好，有充足现金流的项目。计算步骤如下：

a. 计算建设期末的累计借款本金与资本化利息之和 I_c。

b. 计算每年偿还的本金 A：

$$A = I_c/n \tag{4-56}$$

其中：n 为贷款偿还期（不包括建设期）。

c. 计算每年应付利息：

$$\text{每年应付的利息} = \text{年初借款余额} \times \text{年利率} \tag{4-57}$$

d. 计算每年的还本付息额：

$$\text{每年的还本付息额} = A + \text{每年应付的利息} \tag{4-58}$$

【例 4-5】 某项目向银行贷款 800 万元，年利率 5%，还款期为 5 年，分别计算按等额还本付息和等额还本、利息照付两种方式还款的各年还本、付息额。

【解】 ① 等额还本付息方式。

各年还本付息额 $A = 800 \times (A/P, 5\%, 5) = 184.776$（万元）

第 1 年：付息 $= 800 \times 5\% = 40$（万元）
　　　　还本 $= 184.776 - 40 = 144.776$（万元）

第 2 年：付息 $= (800 - 144.776) \times 5\% = 32.76$（万元）
　　　　还本 $= 184.776 - 32.76 = 152.016$（万元）

第 3 年：付息 $= (800 - 144.776 - 152.016) \times 5\% = 25.16$（万元）
　　　　还本 $= 184.776 - 25.16 = 159.62$（万元）

第 4 年：付息 $= (800 - 144.776 - 152.016 - 159.62) \times 5\% = 17.18$（万元）
　　　　还本 $= 184.776 - 17.18 = 167.596$（万元）

② 等额还本、利息照付方式。

每年偿还的本金 $= 800/5 = 160$（万元）

第 1 年付息 $= 800 \times 5\% = 40$（万元）

第 2 年付息 $= (800 - 160) \times 5\% = 32$（万元）

第 3 年付息 =（800 - 160×2）×5% = 24（万元）
第 4 年付息 =（800 - 160×3）×5% = 16（万元）
第 5 年付息 =（800 - 160×4）×5% = 8（万元）

（2）流动资金借款还本付息的估算。

流动资金借款在生产运营期内只计算每年支付的利息，本金通常是在项目寿命期的最后一年末一次性偿还。

年流动资金借款利息 = 年初流动资金借款余额 × 流动资金借款年利率　　（4-59）

（3）短期借款还本付息的估算。

短期借款利息的计算与流动资金借款利息相同，短期借款本金的偿还按照随借随还的原则处理，即当年借款尽可能于下年偿还。

2）资产负债表

资产负债表（表 4-7）通常按企业范围编制，综合反映项目计算期内各年末资产、负债和所有者权益的增减变动及对应关系，用以考察项目资产、负债、所有者权益三者的结构是否合理，计算资产负债率、流动比率及速动比率，进行清偿能力分析。

表 4-7　资产负债表　　　　　　　　　　　　　单位：万元

序号	项目	合计	计算期				
			1	2	3	…	N
1	资产						
1.1	流动资产总额						
1.1.1	货币资金 　现金 　累计盈余						
1.1.2	应收账款						
1.1.3	预付账款						
1.1.4	存货						
1.1.5	其他						
1.2	在建工程						
1.3	固定资产净值						
1.4	无形及其他资产净值						
2	负债及所有者权益						
2.1	流动负债总额						
2.1.1	短期借款						
2.1.2	应付账款						
2.1.3	预收账款						
2.1.4	其他						
2.2	建设投资借款						

续表

序号	项目	合计	计算期				
			1	2	3	...	N
2.3	流动资金借款						
2.4	负债小计						
2.5	所有者权益						
2.5.1	资本金						
2.5.2	资本公积						
2.5.3	累计盈余公积金						
2.5.4	累计未分配利润						
	计算指标：资产负债率						

资产负债表依据流动资金估算表、固定资产投资估算表、投资计划与资金筹措表、资金来源与运用表、损益表等财务报表的有关数据编制。表中有资产、负债与所有者权3个项目。编制该表时应特别注意是否遵循会计恒等式，即资产＝负债＋所有者权益。

3. 融资后财务生存能力分析

财务生存能力分析（资金平衡分析）旨在考察"有项目"时企业在整个计算期内的资金充裕程度，分析财务可持续性，判断在财务上的生存能力。非经营性项目财务生存能力分析还兼有寻求政府补助维持项目持续运营的作用。财务生存能力分析主要根据财务计划现金流量表，同时兼顾借款还本付息计划和利润分配计划进行。融资后财务生存能力分析主要使用财务计划现金流量表（表4-8）。

财务计划现金流量表用于反映计算期内各年的投资活动、融资活动和经营活动所产生的现金流入、现金流出和净现金流量，考察资金平衡和余缺情况，分析项目是否有足够的净现金流量维持正常运营，是表示财务状况的重要财务报表。财务计划现金流量表中的绝大部分数据可来自其他表格。

表4-8 财务计划现金流量表　　　　　　　单位：万元

序号	项　　目	合计	计算期				
			1	2	3	...	N
1	经营活动净现金流量（1.1－1.2）						
1.1	现金流入						
1.1.1	营业收入						
1.1.2	增值税销项税额						
1.1.3	补贴收入						
1.1.4	其他流入						
1.2	现金流出						
1.2.1	经营成本						

续表

序号	项　　目	合计	计算期				
			1	2	3	…	N
1.2.2	增值税进项税额						
1.2.3	增值税						
1.2.4	增值税附加						
1.2.5	所得税						
1.2.6	其他流出						
2	投资活动净现金流量（2.1－2.2）						
2.1	现金流入						
2.2	现金流出						
2.2.1	建设投资						
2.2.2	维持运营投资						
2.2.3	流动资金						
2.2.4	其他流出						
3	筹资活动净现金流量（3.1－3.2）						
3.1	现金流入						
3.1.1	项目资本金投入						
3.1.2	建设投资借款						
3.1.3	流动资金借款						
3.1.4	债务						
3.1.5	短期借款						
3.1.6	其他流入						
3.2	现金流出						
3.2.1	各种利息支出						
3.2.2	偿还债务本金						
3.2.3	应付利润（股利分配）						
3.2.4	其他流出						
4	净现金流量＝1＋2＋3						
5	累计盈余资金						

4.4　财务评价指标的计算与分析

4.4.1　财务评价指标体系

建设项目财务评价指标体系是按照财务评价的内容建立起来的，同时与编制的财务评价报表密切相关。建设项目财务评价内容、评价报表、评价指标之间的关系如表4-9所示。

表 4-9 财务评价指标体系

评价内容	基本报表		评价指标	
			静态指标	动态指标
盈利能力分析	融资前分析	项目投资现金流量表	项目投资回收期	项目投资财务内部收益率 项目投资财务净现值
	融资后分析	项目资本金现金流量表		项目资本金财务内部收益率
		投资各方现金流量表		投资各方财务内部收益率
		利润与利润分配表	总投资收益率、项目资本金利润率	
偿债能力分析		借款还本付息计划表	偿债备付率、利息备付率	
		资产负债表	资产负债率、流动比率、速动比率	
财务生存能力分析		财务计划现金流量表	累计盈余资金	
不确定性分析		盈亏平衡分析	盈亏平衡产量 盈亏平衡生产能力利用率	
		敏感性分析	敏感度系数、临界值	
		概率分析（风险分析）	$FNPV \geq 0$ 的累计概率	
			定性分析	

4.4.2 财务评价指标的计算

1. 财务盈利能力评价指标

财务盈利能力分析主要是考察项目投资的盈利水平，是在编制项目投资现金流量表、项目资本金现金流量表、利润与利润分配表等财务报表的基础上，计算财务净现值、财务内部收益率、项目投资回收期、投资利润率、投资利税率和资本金利润率等指标。

（1）财务净现值（FNPV）。全部投资（或自有资金）财务净现值（FNPV）是指按设定的折现率，把项目计算期内各年的财务净现金流量折现到建设期初的现值之和。

$$FNPV = \sum_{t=1}^{n}(CI-CO)_t \times (1+i_0)^{-t} \qquad (4-60)$$

式中 CI——现金流入量；

CO——现金流出量；

$(CI-CO)_t$——第 t 年的净现金流量；

t——计算期；

i_0——基准收益率或设定的折现率。

若项目计算期内财务净现值大于或等于零，表明项目在计算期内可获得大于或等于基准收益水平的收益额。因此，$FNPV \geq 0$ 时，项目在财务上可以考虑被接受。

（2）财务内部收益率（FIRR）。财务内部收益率（FIRR）是指项目在整个计算期内各年财务净现金流量的现值之和等于零时的折现率，也就是使项目的财务净现值等于零时的折现率。

$$\sum_{t=0}^{n}(CI-CO)_t(1+FIRR)^{-t}=0 \qquad (4\text{-}61)$$

式中　CI——现金流入量；

　　　CO——现金流出量；

　　　$(CI-CO)_t$——第 t 年的净现金流量；

　　　t——计算期。

一般情况下，财务内部收益率大于或等于基准收益率时，项目可行。项目财务内部收益率一般通过计算机软件中配置的财务函数计算，也可采用人工试算内插法计算。

（3）项目投资回收期。投资回收期是以项目的净收益回收全部投资所需的时间，一般从建设开始年起计算，若从项目投产年算起应予以特别说明。项目投资回收期可借助项目投资现金流量表，累计净现金流量由负值变为零时的时点，即为项目投资回收期。

$$P_t = 累计净现金流量开始出现正值的年份数 - 1 + \frac{上一年累计现金流量的绝对值}{当年净现金流量} \qquad (4\text{-}62)$$

当项目静态投资回收期小于等于基准投资回收期时，项目可行。

（4）投资利润率。投资利润率是指项目生产经营期内平均年利润总额占项目总资金（固定资产投资与全部流动资金之和）的百分比率，它是反映项目单位投资盈利能力的指标。

$$投资利润率 = \frac{年平均利润总额}{项目总投资} \times 100\% \qquad (4\text{-}63)$$

当投资利润率≥基准投资利润率时，项目在财务上才可以考虑被接受。

（5）投资利税率。投资利税率是指项目生产经营期内平均年利税总额占项目总资金（固定资产投资和全部流动资金之和）的百分比率，它是反映项目单位投资盈利能力和对财政所做贡献的指标。其计算公式为：

$$投资利税率 = \frac{年平均利税总额}{项目总投资} \times 100\% \qquad (4\text{-}64)$$

当投资利税率≥基准投资利税率时，项目在财务上才可以考虑被接受。

（6）资本金利润率。资本金利润率是指项目生产经营期内年平均所得税后利润与资本金的比率。

$$资本金利润率 = \frac{年平均所得税后利润}{项目资本金} \times 100\% \qquad (4\text{-}65)$$

当资本金利润率≥同行业的净利润率参考值时，项目在财务上才可以考虑被接受。

2. 财务偿债能力指标

偿债能力分析是在编制资产负债表、借款还本付息计算表、资金来源与运用表等财务报表的基础上,计算固定资产投资国内借款偿还期、利息备付率、偿债备付率、资产负债率、流动比率和速动比率等指标。

(1) 固定资产投资国内借款偿还期分析。通过资金来源与运用表和国内借款还本付息计算表计算国内借款偿还期。其计算公式为:

$$借款偿还期 = (借款偿还后开始出现盈余年份 - 开始借款年份) + 当年借还款额/当年可用还款的资金 \quad (4-66)$$

当国内借款偿还期满足借款机构的要求期限时,即认为项目具有还贷能力。

(2) 利息备付率。利息备付率是指项目在借款偿还期内的息税前利润与当年应付利息的比值,它从付息资金来源的充裕性角度反映项目偿付债务利息的保障程度。

$$利息备付率 = \frac{息税前利润}{应付利息额} \quad (4-67)$$

利息备付率应分年计算,对于正常经营的企业利息备付率至少应当大于 1,并结合债权人的要求确定。利息备付率越高,说明利息支付的保障程度越高,偿债风险越小。

(3) 偿债备付率。偿债备付率是指项目在借款偿还期内,可用于还本付息的资金与当期应还本付息额的比值,是从偿债资金来源的充裕性角度反映偿付债务本息的能力。

$$偿债备付率 = \frac{息税折旧摊销前利润 - 所得税}{应还本付息额} \quad (4-68)$$

偿债备付率应分年计算,正常情况下至少应当大于 1,并结合债权人的要求确定。偿债备付率越高,说明偿付债务本息的保障程度越高,偿债风险越小。

(4) 资产负债率。资产负债率是企业负债总额同资产总额的比值,是评价企业负债水平的综合指标。适度的资产负债率既能表明企业投资人、债权人的风险较小,又能表明企业经营安全、稳健、有效,具有较强的融资能力。

$$资产负债率 = 负债总额/资产总额 \times 100\% \quad (4-69)$$

(5) 流动比率。流动比率是流动资产与流动负债的比值,是衡量企业资金流动性的大小,考虑流动资产规模与负债规模之间的关系,判断企业短期债务到期前,可以转化为现金用于偿还流动负债的能力。该比率越高,表示偿还流动负债的能力越强。但是过高的流动比率并非是好现象,说明企业资金利用率低,对企业的运营不利,从而会影响企业的获利能力。至于最佳流动比率,应视不同行业、不同企业的具体情况而定。国际公认的标准是 200%。

$$流动比率 = 流动资产总额/流动负债总额 \times 100\% \quad (4-70)$$

(6) 速动比率。速动比率是速动资产与流动负债的比值。按照财务通则或财务制度的规定,速动资产是流动资产减去变现能力较差且不稳定的存货、待摊费用、待处理流动资产损失等后的余额。由于剔除了存货等变现能力较弱且不稳定的资产,因此,速动比率比流动比率能更加准确、可靠地评价企业资产的流动性及其偿还短期负债的能力。该比率越高，表示偿还流动负债的能力越强。国际公认的标准是100%。

$$速动比率 = （流动资产总额 - 存货等）/流动负债总额 \times 100\% \qquad (4-71)$$

建设项目的财务效果是通过一系列财务评价指标反映的。这些指标可根据财务评价基本报表和辅助报表计算，并将其与财务评价参数进行比较，以判断项目的财务可行性。

3. 财务生存能力指标

财务生存能力分析应结合偿债能力分析通过以下两方面进行：

（1）分析是否有足够的净现金流量维持正常运营。

拥有足够的经营净现金流量是财务可持续的基本条件，特别是在运营初期。由于运营期前期的还本付息负担较重，故应特别注重运营期前期的财务生存能力分析。一个项目具有较大的经营净现金流量，说明项目方案比较合理，实现自身资金平衡的可能性大，不会过分依赖短期融资来维持运营。财务生存能力分析应根据财务计划现金流量表，考察项目计算期内各年的投资活动、融资活动和经营活动所产生的各项现金流入和流出，计算净现金流量和累计盈余资金，分析项目是否有足够的净现金流量维持正常运营。

（2）各年累计盈余资金不出现负值是财务可持续的必要条件。

在整个运营期间，允许个别年份的净现金流量出现负值，但不允许任一年份的累计盈余资金出现负值。一旦出现负值时应适时进行短期融资，该短期融资应体现在财务计划现金流量表中，同时短期融资的利息也应纳入成本费用和其后的计算。

本章小结

财务评价是工程经济的核心内容，也是项目经济评价的重要组成部分，同时为国民经济评价提供调整计算的基础。本章在介绍财务评价作用、程序、内容、基本原则的基础上，详细讲解了财务评价涉及的基本参数、财务效益、财务费用的估算方法，通过财务评价的基本报表编制和具体评价指标的计算，从融资前、融资后两个阶段分析项目的盈利能力、偿债能力和财务生产能力。

复习思考题

一、单选题

1. 评价项目的财务可行性程度的基本标志是（　　）。
   A. 赢利能力分析　　　　　　　　　B. 偿债能力分析
   C. 不确定性分析　　　　　　　　　D. 国民经济评价
2. 财务评价的基础是（　　）。
   A. 企业内部的价格和体系　　　　　B. 项目可行性研究所预测出的各种财务数据
   C. 国家现行的财税制度和价格体系　D. 市场平均价格

3. 某建设期为2年的贷款项目，第一年贷款200万元，第二年贷款400万元，贷款均衡发放，年利率为 $i=10\%$，复利计息，则建设期利息为（　　）。
   A. 51万元　　　　B. 72万元　　　　C. 82万元　　　　D. 80万元

4. 已知建设项目年产20万吨的某化工生产系统的投资额为30 000万元，若拟建生产能力为年产80万吨的同类系，则投资总额大约是已建系统的（　　）倍。（$x=0.6$，$f=1$）
   A. 1.3　　　　　B. 1.6　　　　　C. 2.3　　　　　D. 4

5. 关于流动资金估算错误的是（　　）。
   A. 流动资金＝流动资产－流动负债
   B. 流动资产＝应收账款＋预收账款＋存货＋库存现金
   C. 流动负债＝应付账款＋预收账款
   D. 流动资金本年增加额＝本年流动资金－上年流动资金

6. 无形资产和递延资产的摊销年限分别是不少于（　　）年。
   A. 10、8　　　　B. 8、10　　　　C. 10、5　　　　D. 5、10

7. 各年折旧基数不变但折旧率逐年递减的固定资产折旧方法是（　　）。
   A. 平均年限法　　B. 工作量法　　C. 双倍余额递减法　　D. 年数总和法

8. 企业缴纳所得税后形成的净利润首先用于（　　）。
   A. 提取法定公积金　　　　　　　B. 向投资者分配
   C. 向经营者发放奖金　　　　　　D. 弥补以前年度亏损

9. 某项目投产后正常生产年份的总成本费用为1 000万元，期间费用150万元，借款利息20万元，固定资产折旧80万元，无形资产摊销费50万元，则其经营成本为（　　）万元。
   A. 700　　　　　B. 850　　　　　C. 870　　　　　D. 900

10. 现金流量表中有一项流动资金回收的现金流入发生在（　　）。
    A. 计算期每一年　　　　　　　　B. 生产期每一年
    C. 计算期最后一年　　　　　　　D. 投产期每一年

11. 资产负债主体结构包括三部分，其表现形式为（　　）。
    A. 所有者权益＝资产＋负债　　　　B. 资产＝负债＋所有者权益
    C. 所有者权益＝流动资产＋负债　　D. 流动资产＝负债＋所有者权益

12. 速动比例的计算公式为（　　）。
    A. 流动资产/流动负债×100%　　　　B. （流动资产－存货）/流动负债×100%
    C. 流动资产/速动资产×100%　　　　D. 速动资产/流动资产×100%

二、多选题（每题备选项中有2个或2个以上符合题意，至少有1个错项）

1. 固定资产投资估算的方法有（　　）。
   A. 生产能力指数法　　　　　　　B. 分项详细估算法
   C. 比例估算法　　　　　　　　　D. 系数估算法
   E. 指标估算法

2. 估算项目经营成本时，应在总成本费用中扣除（　　）。
   A. 工资及福利费　　　　　　　　B. 折旧费
   C. 燃料和动力费　　　　　　　　D. 摊销费
   E. 财务费用

3. 对于固定资产折旧，说法正确的是（　　）。
   A. 折旧是固定资产价值的一种补偿形式
   B. 折旧可以计入产品成本
   C. 折旧是在固定资产使用寿命内进行分摊的
   D. 折旧最终由产品消费者承担
   E. 折旧由产品生产者承担

4. 固定资产折旧的计算方法有（　　）。
   A. 平均年限法　　　　　　　　B. 工作量法
   C. 年数总和法　　　　　　　　D. 后进先出法
   E. 双倍余额递减法

5. 下列项目属于存货范畴的是（　　）。
   A. 应收账款　　　　　　　　　B. 外购燃料
   C. 临时设施　　　　　　　　　D. 低值易耗品
   E. 库存设备

6. 下列项目可以列入无形资产的是（　　）。
   A. 债权　　　　　　　　　　　B. 商标权
   C. 技术专利权　　　　　　　　D. 土地使用权
   E. 非专利技术

7. 在投资项目现金流量表中，作为现金流入的有（　　）。
   A. 流动资金　　　　　　　　　B. 回收流动资金
   C. 销售税金及附加　　　　　　D. 固定资产余值
   E. 产品销售收入

8. 在资本金现金流量表中，作为现金流出的有（　　）。
   A. 回收流动资金　　　　　　　B. 自有资金
   C. 经营成本　　　　　　　　　D. 借款本金偿还
   E. 借款利息支付

9. 在项目现金流量表中，作为现金流出的有（　　）。
   A. 建设投资　　　　　　　　　B. 借款本金偿还
   C. 流动资金　　　　　　　　　D. 经营成本
   E. 销售税金及附加和所得税

10. 评价项目盈利能力分析的报表为（　　）。
    A. 现金流量表　　　　　　　　B. 损益表
    C. 总成本费用估算表　　　　　D. 资产负债表
    E. 借款还本付息计划表

11. 财务评价的动态指标有（　　）。
    A. 投资利润率　　　　　　　　B. 借款偿还期
    C. 财务净现值　　　　　　　　D. 财务内部收益率
    E. 资产负债率

12. 财务评价指标体系中，反映盈利能力的动态评价指标有（　　）。
   A. 流动比率　　　　　　　　B. 速动比率
   C. 财务净现值　　　　　　　D. 内部收益率
   E. 总投资利润率
13. 通过现金流量表可以计算出来的评价指标包括（　　）。
   A. 净现值　　　　　　　　　B. 内部收益率
   C. 投资回收期　　　　　　　D. 借款偿还期
   E. 投资利润率

三、计算题

1. 某新建项目设备投资为 10 000 万元，根据已建同类项目统计情况，一般建筑工程占设备投资的 28.5%，安装工程占设备投资的 9.5%，其他工程费用占设备投资的 7.8%。该项目其他费用估计为 800 万元，试估算该项目的投资额（调整系数 $f=1$）。

2. 某企业 2003 年 1 月 1 日购置一台设备，价值 100 000 元，估计使用年限为 5 年，预计净残值率为 5%，试分别用直线法、年数总和法和双倍余额递减法计算该设备每年应提的折旧额。

3. 某企业一辆汽车的原值为 200 000 元，预计净残值率为 5%，预计行驶里程为 300 000 km。2010 年 2 月实际行驶里程为 1 500 km，计算该汽车 2 月份应提的折旧额。

4. 已知某建设项目达到设计生产能力后全厂定员 1 000 人，工资和福利费按每人每年 8 000 元估算。每年的其他费用为 800 万元。年外购原材料、燃料动力费估算为 21 000 万元。年经营成本 25 000 万元，年修理费占年经营成本的 10%。各项流动资金的最低周转天数分别为：应收账款 30 天，现金 40 天，应付账款 30 天，存货 40 天。试对项目进行流动资金的估算。

5. 某项目建设投资 2 000 万元，预计全部形成固定资产。建设期 2 年，运营期 6 年。建设期内每年均衡投入自有资金和贷款各 500 万元，贷款年利率 6%，贷款在运营期间按照等额还本、利息照付方法偿还。流动资金 300 万元于投产当年投入。固定资产使用年限 8 年，采用直线法折旧，残值为 100 万元。项目投产第 1 年营业收入和经营成本分别为 700 万元和 250 万元，第二年营业收入和经营成本为 900 万元和 300 万元，以后各年营业收入和经营成本分别为 1 000 万元和 320 万元。增值税税率为 10%，增值税附加的综合税率为 8%。以上营业收入不考虑销项税，经营成本不考虑进项税。计算运营期各年总成本费用，并填写总成本费用表。

扫码有意答案来

第 5 章 建设工程项目国民经济评价

教学目标：
- 掌握国民经济效益分析的基本原理
- 了解费用和效益的鉴别与度量
- 掌握国民经济评价参数与价格调整
- 掌握国民经济效益分析报表与指标

5.1 国民经济评价概述

建设项目经济评价应根据国民经济与社会发展以及行业、地区发展规划的要求，在项目初步方案的基础上，采用科学的分析方法，对拟建项目的财务可行性和经济合理性进行分析论证，为项目的决策提供经济方面的依据。

建设项目经济评价包括财务评价（也称财务分析）和国民经济评价（也称经济分析）。

在市场经济条件下，大部分工程项目财务评价结论可以满足投资决策要求。但对于财务现金流量不能全面、真实地反映其经济价值，需要进行经济费用效益分析的项目，应将经济费用效益分析的结论作为项目决策的主要依据之一。

5.1.1 国民经济评价的定义、目的与必要性

1. 国民经济评价的定义

国民经济评价也称为费用效益分析。所谓费用效益分析，从资源合理配置的角度，是按合理配置稀缺资源和社会经济可持续发展的原则，采用影子价格、社会折现率等参数，从国民经济全局的角度出发，分析项目投资的经济效率和对社会福利所做出的贡献，评价项目的经济合理性。

2. 国民经济评价的目的

对于财务价格扭曲，不能真实反映项目产出的经济价值，财务成本不能包含项目对资源的全部消耗，财务效益不能包含项目产出的全部经济效果的项目，需要进行经济费用效益分析。这类项目主要包括：

（1）具有垄断特征的项目。
（2）产出具有公共产品特征的项目。
（3）外部效果显著的项目。
（4）资源开发项目。
（5）涉及国家经济安全的项目。
（6）受过度行政干预的项目。

国民经济评价是在合理配置社会资源的前提下，从国家经济整体利益的角度出发，计算项目对国民经济的贡献，分析项目的经济效益、效果和对社会的影响，评价项目在宏观经济上的合理性。

3. 国民经济评价的必要性

为了实现加快经济增长速度，提高经济增长质量和人民生活水平，达到充分就业等社会经济目标，国家在一定时期要投入一定量的人力、物力和财力资源进行项目建设。为了判断众多的项目对国家经济社会发展所做贡献大小，最佳配置资源就成为最大可能地实现社会经济目标的关键所在。进行项目经济评价，直接目的是比较方案、筛选项目，最终目的是最佳配置和有效利用投资资源。

在经济评价中，仅仅做财务效益分析是不够的，更重要的是要进行国民经济效益分析。财务分析是用现行价格计算项目效益和成本。由于种种原因，我国有些资源价格"失真"，主要表现在比价不合理。用这些价格评价项目，不能客观反映投入的资源给社会所带来的效益。另外，财务效益分析只局限于以现行价格计算的项目自身的效益和成本，而没有考虑因项目建成而使国民经济其他部门所产生的效益和付出的代价。也就是说，财务效益分析只考虑了内部效益和内部费用，而没有考虑项目所带来的外部效益和外部费用。所以，财务效益分析不能全面反映项目的经济效果。国民经济效益分析用调整过的价格，即影子价格计算项目的效益和费用。影子价格基本能反映资源的稀缺程度，是市场合理配置资源的真实价格。国民经效益分析是把国民经济作为一个整体来考察项目的，即把项目放在国民经济这个大系统中来考察、分析评价项目给整个国民经济带来的效益和为此而付出的代价。这样，既考察了项目的内部效益和内部费用，也考察了项目的外部效益和外部费用。

正常运作的市场是将稀缺资源在不同用途和不同时间上合理配置的有效机制。然而，市场的运作要求具备若干条件，包括资源的产权清晰、完全竞争、公共产品数量不多、短期行为不存在等。如果这些条件不能满足，市场就不能有效地配置资源，即市场失灵。市场失灵包括：

（1）无市场、薄市场。首先，很多资源的市场还根本没发育起来，或根本不存在。这些资源的价格为零，因而过度使用，日益稀缺。其次，有些资源的市场虽然存在，但价格偏低，只反映了劳动和资金成本，没有反映生产中资源耗费的机会成本和环境污染的代价。毫不奇怪，价格为零或偏低时，资源会被浪费，生态会恶化。

（2）外部效果。外部效果是企业或个人的行为对活动以外的企业或个人造成的影响。外部效果造成私人成本（内部成本或直接成本）和社会成本不一致，导致实际价格不同于最优价格。外部效果可以是积极的也可以是消极的。河流上游农民种植树木，保持水土，使下游农民旱涝保收，这是积极的外部效果。上游滥砍滥伐，造成下游洪水泛滥成灾和水土流失，这是负面的外部效果。

（3）公共物品。公共物品的显著特点是一个人对公共物品的消费不影响其他消费者对同一公共物品的消费。在许多情况下，个人不管付钱与否都不能从公共物品的消费中被排除出去，例如国防。因为没有人能够或应该被排除，所以消费者就不愿意为消费公共物品而付钱。消费者不付钱，私人企业赚不了钱，就不愿意提供公共物品。因此，自由市场很难提供充足的公共物品。

（4）短视计划。自然资源的保护和可持续发展意味着为了未来利益而牺牲当前消费。因为人们偏好当前消费，未来利益被打折扣，因而造成应留给未来的资源被提前使用。资源使用中的高贴现率和可再生资源的低增长率，有可能使某种自然资源提早耗尽。

市场失灵的存在使得财务评价的结果往往不能真实反映工程项目的全部利弊得失，必须通过费用效益分析对财务评价中失真的结果进行修正。

费用效益分析的研究内容主要是识别国民经济效益与费用，计算和选取影子价格，编制费用效益分析报表，计算费用效益分析指标并进行方案比较，选出最佳投资方案。

5.1.2 需要进行国民经济评价的项目

根据《建设项目经济评价方法与参数》（2006年第三版）的规定，需要进行国民经济评价的项目主要包括：农业、水利、铁道、公路、民航、城市建设、电信等具有公共产品特征的基础设施建设项目；环保工程、高科技产业等外部效果显著的项目；煤炭、石油、电力、钢铁、有色金属、黄金等资源开发项目；涉及石化、通信、电子、机械、重大技术装备制造等国家经济安全的项目。

5.1.3 国民经济评价与财务评价的共同点与区别

1. 费用效益分析与财务评价的共同之处

1）评价方法相同

它们都是经济效果评价，都使用基本的经济评价理论，即效益与费用比较的理论方法。都要寻求以最小的投入获取最大的产出，都要考虑资金的时间价值，采用内部收益率、净现值等盈利指标评价工程项目的经济效果。

2）评价的基础工作相同

两种分析都要在完成产品需求预测、工艺技术选择、投资估算、资金筹措方案等可行性研究内容的基础上进行。

2. 经济费用效益分析与财务评价的主要区别

1）两种评价所站的角度不同

财务评价是站在项目的自身角度，从项目经营者、投资者、未来债权人的角度，分析项目在财务上能够生存的可能性，分析各方的实际收益或损失，分析投资或贷款的风险及收益。而国民经济效益分析则是站在国家角度，从全社会的角度分析考察项目的国民经济费用和效益。

2）费用和效益的含义及划分范围不同

财务评价只根据项目的直接发生的财务收支，计算项目的费用和效益。国民经济费用效益分析则从全社会的角度考察项目的费用和效益，不仅仅关心项目给企业带来的盈利，而且还要关心项目对整个国民经济的贡献。这时拟建项目的有些收入和支出，从全社会的角度考虑，没有造成国民经济损失或增加收入的，不能作为经济费用或收益，例如税金和补贴、银行贷款利息等。

3）价格体系不同

财务评价是在现行价格体系下，使用实际的市场预测价格，计算和分析项目未来的实际盈利水平。而国民经济费用与效益分析要考虑资源的稀缺性和有效利用，以及国民经济的最佳投资方向和投资结构。另外，国内外市场供求关系和市场价格变化也是国民经济效益分析所必须考察的因素。国民经济效益分析则使用一套专用的影子价格体系。

4）两种评价使用的参数不同

财务效益分析采用的是各部门、行业的基准收益率，或者是平均利率加风险系数，财务基准收益率依行业的不同而不同，不同的项目有不同的折现率。而国民经济效益分析采用的是社会折现率，而社会折现率对于全国各行业各地区都是一致的。

5）汇率不同

财务效益分析使用官方汇率，而国民经济效益分析使用的是影子汇率。汇率实质上是一种外汇价格，官方汇率体现了现行的外汇价格，所以在财务效益分析中，用官方汇率换算、度量费用和效益。国民经济效益分析要求使用一种反映资源稀缺性和市场供求关系的外汇价格，所以要对现行汇率进行调整，用比较合理的汇率（即影子汇率）进行换算和度量经济费用和效益。

为了便于比较，我们把国民经济效益分析与财务分析的主要区别列于表 5-1 中。

表 5-1　财务效益分析与国民经济效益分析的主要区别

项　目	财务效益分析	国民经济效益分析
角度	企业，项目盈利最大化	国家，国民经济效益最大化
出发点	经营项目的企业	国民经济
价格	现行市场预测价格	影子价格 （包括影子汇率和影子工资）
折现率	各部门、各行业的基准收益率	全国各行业统一的社会折现率
外部费用和外部效益	不计入	计入
计算指标	① 盈利能力分析指标：财务内部收益率、财务净现值、财务效益费用比和投资回收期； ② 清偿能力分析指标：贷款偿还期等	只做盈利能力分析。 盈利能力分析指标：经济内部收益率、经济净现值、经济效益费用比等

5.1.4 国民经济评价与财务评价结论之间的关系

如果需要进行国民经济评价的项目的国民经济评价结论为经济内部收益率（EIRR）大于社会折现率（i_c）、经济净现值（ENPV）大于等于 0、经济效益费用比（BCR）大于 1，则表明项目配置的经济效益达到了可以被接受的水平。而当项目的财务评价结论为财务内部收益率大于或等于所设定的差别基准（通常称为基准收益率）、财务净现值（FNPV）大于或等于 0 时，项目方案在财务上可考虑接受。

财务评价结论和国民经济评价结论都可行的项目，可以接受，则项目可行。如果国民经济评价结论不可行的项目，财务评价结论可行，则需要量调整方案，重新进行国民经济评价。

不需要做国民经济评价的一般建设项目，财务评价结论可以接受，则项目可行。

5.1.5 国民经济评价中的效益与费用识别

1. 识别经济效益和经济费用的原则

1）"有无对比"原则

项目的国民经济费用和经济效益分析应建立在增量效益和增量费用识别和计算的基础之上，通过"有无对比"进行分析，即通过有项目的实施效果与无项目情况下可能发生的情况进行对比分析，即"有项目"与"无项目"时的情况对比分析，作为计算机会成本或增量效益的依据。

（1）效益表现为费用节约的项目，应根据"有无对比"分析，计算节约的经济费用，计入项目相应的经济效益。

（2）对于表现为时间节约的运输项目，其经济价值应采用"有无对比"分析方法，根据不同人群、货物、出行目的等，区别下列情况计算时间节约价值：

① 根据不同人群及不同出行目的对时间的敏感程度，分析受益者为得到这种节约所愿意支付的货币数量，测算出行时间节约的价值。

② 根据不同货物对时间的敏感程度，分析受益者为了得到这种节约所愿意支付的价格，测算其时间节约的价值。

2）关联效果原则

财务分析从项目自身的利益出发，其系统分析的边界是项目。凡是流入项目的资金，就是财务效益，如营业收入或运营收入；凡是流出项目的资金，就是财务费用，如建设项目投资支出、经营成本和税金。经济费用效益分析则从国民经济的整体效益出发，其系统分析的边界是整个国民经济系统，对项目所涉及的所有成员及群体的费用和效益作全面分析，不仅要识别项目自身的内部效果，而且需要识别项目对国民经济其他部门和单位产生的外部效果。

3）资源变动原则

正确识别正面和负面外部效果，防止误算、漏算或重复计算。

计算财务效益收益和费用依据的是货币的变动，凡是流入项目的货币就是直接效益，凡是流出项目的货币就是直接费用。国民经济费用效益分析以实现资源最优配置从而保证国民经济收入最大增长为目标。经济资源的稀缺性，意味着一个项目的资源投入会减少这些资源在国民经济其他方面的可使用量，从而减少了其他方面的国民收入，从这种意义上来说，该项目对资源的使用产生了经济费用。同理，由于项目的产出能够增加社会资源来满足人们的需求，所以项目的产出具有经济效益。

4）正确识别和调整转移支付，根据不同情况区别对待的原则

接受转移支付的一方所获得的效益与付出方所产生的费用相等。转移支付行为本身没有导致新增资源的发生，因此，在经济费用效益分析中，应剔除税金、补贴、国内借款利息等转移支付的影响。可见，在考察项目经济费用和效益的过程中，依据的不是货币，而是社会资源真实的变动量。凡是减少社会资源的项目投入都视同经济费用，凡是增加社会资源的项目产出都是经济效益。当然，资源应是稀缺的经济资源，而不是闲置或不付出代价就可自由使用的物品。

2. 经济效益与经济费用

经济效益分为直接经济效益和间接经济效益，经济费用分为直接经济费用和间接经济费用。直接经济效益和直接经济费用是与投资主体有关的，可称为内部经济效果。用影子价格计算的投入物的经济价值即为项目的直接经济费用，直接经济效益是由项目本身产生的用影子价格计算的产出物的经济价值。因投资主体而产生，却被其他主体所承担的间接经济效益和间接经济费用，称为外部经济效果。

1）经济效益和费用的计算原则

（1）经济效益的计算应遵循支付意愿（WTP）原则和（或）接受补偿意愿（WTA）原则；经济费用的计算应遵循机会成本原则。

（2）经济效益和经济费用可直接识别，也可通过调整财务效益和财务费用得到。经济效益和经济费用应采用影子价格计算。

2）内部经济效果

内部经济效果包括：直接经济效益和直接经济费用。

直接经济效益是指由项目产出物直接生成，并在项目范围内计算的经济效益，一般表现为：增加项目产出物或者服务的数量以满足国内需求的效益；替代效益较低的相同或类似企业的产出物或者服务，使被替代企业减产（停产）从而减少国家有用资源耗费或者损失的效益；增加出口或者减少进口从而增加或者节约的外汇等。

直接经济费用是指项目使用投入物所形成，并在项目范围内计算的费用，一般表现为：其他部门为本项目提供投入物；需要扩大生产规模所耗费的资源费用；减少对其他项目或者最终消费投入物的供应而放弃的效益；增加进口或者减少出口从而耗用或减少外汇等。

3）间接费用与间接效益

费用和效益不仅直接体现在项目的直接投入物和产出物中，还会反映在国民经济相邻部门及社会中。这些在相邻部门及社会中反映出来的费用和效益就是项目的间接费用（外部费用）和间接效益（外部效益），也可称为外部效果。外部效果是指项目对国民经济所做的贡献与国民经济为项目付出的代价，在直接效益与直接费用中未得到反映的那部分效益与费用。

外部效果系指项目的产出或投入无意识地给他人带来费用或效益，且项目却没有为此付出代价或为此获得收益。为防止外部效果计算扩大化，一般只应计算一次相关效果。

外部效果分为货币性和技术性两类。货币性外部效果指经济效益在国民经济各部门的重新分配，如税收或补贴等。货币性外部效果并不引起社会资源的变化，故在效益费用分析中不考虑。

技术性外部效果是指外部效果确实使社会总生产和社会总消费起变化，如水电站建设项目，除产生电力外，还有农业灌溉作用，还能使粮食产量增加。技术性外部效果包括以下几个方面：

（1）产业关联效果。

例如，建设一个水电站，一般除发电、防洪灌溉和供水等直接效果外，还必然带来养殖业和水上运动的发展，以及旅游业的发展等而增加的间接效益，此外，农牧业会因土地淹没而遭受一定的损失（间接费用），这些都是水电站兴建而产生的产业关联效果；又如，某公路项目的修建，改善了交通条件，不但会使公路运输部门受益，而且会使沿线的居民、企业（公司）等从中得到益处。

（2）环境和生态影响的外部效果。

环境及生态影响的外部效果是经济费用效益分析必须加以分析考虑的一种特殊形式的外部效果，应尽可能对项目所带来的环境影响的效益和费用（损失）进行量化和货币化，将其列入经济现金流。

环境及生态影响的效益和费用，应根据项目的时间范围和空间范围、具体特点、评价的深度要求及资源占有情况，采用适当的评估方法与技术对环境影响的外部效果进行识别、量化和货币化。例如：发电厂排放的烟尘可使附近田园的作物产量减少、质量下降；公路建设可能会使当地自然生态环境发生改变，公路运输会产生汽车废气及噪声，使公路沿线的环境受到污染、人们的健康受到影响等。

（3）技术性扩散和示范作用。

技术扩散和示范作用效果是由于建设技术先进的项目会培养和造就大量的技术人员和管理人员。他们除了为本项目服务外，由于人员流动、技术交流，也会给整个社会经济发展带来好处。

技术性外部效果反映了社会生产和消费的真实变化，这种真实变化必然引起社会资源配置的变化，所以应在费用效益分析中加以考虑。这种效果由于计量上的困难，一般只能作定性分析。

为防止外部效果计算扩大化，项目的外部效果一般只计算一次相关效果，不应连续计算。

4）国外贷款还本付息

国外贷款还本付息的处理分以下三种情况：

（1）评价国内投资经济效益的处理办法。项目的费用效益分析是以项目所在国的经济利益为根本出发点的，所以必须考察国外贷款还本付息对项目举办国的真实影响。如果国外贷款利息很高，高于全部投资的内部收益率，那么一个投资效益好的项目，也可能由于偿还国外债务造成大部分收益外流的局面，致使本国投资得不偿失。为了能够揭示这种情况，如实判断本国投资资金的盈利水平，必须进行国内投资的经济效益分析。在分析时，应将国外贷款视作现金流入，还本付息应当视作现金流出。

（2）国外贷款不指定用途时的处理办法。对项目进行费用效益分析的目的是使有限资源得到最佳配置。因此，应当对项目所用全部资源的利用效果作出分析评价，这种评价是包括国外贷款在内的全部投资费用效益分析，此时国外贷款还本付息不视作收益，也不视作费用，不出现在费用效益分析所用的项目投资经济费用效益流量表中。

（3）国外贷款指定用途时的处理办法。这时无须进行全投资的经济效益评价，可只进行国内投资资金的经济评价。

5）"无形效果"

"无形效果"也是外部效果的一种。所谓"无形效果"，是指由项目造成的，难以用货币来计量的那些社会效益和费用。例如，公路的修建对工、农业生产发展的促进作用，对经济增长、人们物质文化生活提高的影响等；交通流量的增加，给生态环境带来的空气污染、噪声增加等：均属"无形效果"。"无形效果"可分为两类：

（1）不能或难以用货币度量的效益或费用。例如在考虑交通工程、水利工程、抗震工程时，人身安全是这些工程外部效果的一个重要方面，不可避免地要涉及人的生命的价值问题。我们无法去计算一条生命值多少钱，但在项目的实际决策时，我们在生命安全与投资之间无法做某种权衡。显然，我们不能把所有的投资花在提高安全程度上。

（2）其效应本身就难以度量，当然就更难以用货币来进行度量了，如城市犯罪率、安全与国防、噪声、空气污染等，是社会效果的一个重要方面。因此，对这一类效果，只作一些定性描述和研究，或者是用一些实物指标，如噪声指数、空气中的含硫量等来描述。

3. 转移支付

在识别费用与效益的过程中，将会涉及税金、国内借款及还本付息和补贴等问题的处理。这些虽然是财务分析中的实际现金收入或支出，但从国民经济分析的角度看，它们并不影响社会最终产品的增减，因而不反映国民收入的变化。它只表现为资源支配权力在项目和其他社会实体之间的转移，并不构成实际社会资源的耗费或增加，因此，不作为费用或效益。这种并不伴有资源变动的纯粹货币性质的转移，称为项目的转移支付。但国外借款利息的支付产生了国内资源向国外的转移，则应当计为项目的费用。

5.2 国民经济评价参数

国民经济效益分析（评价）要从国家整体角度考察项目的效益和费用，费用效益分析时所使用的参数是费用效益分析的基本判据，对比选项目优化方案具有重要作用。国民经济费用效益分析的参数主要包括社会折现率、影子汇率和影子工资等，这些参数由有关专门机构组织测算发布。

5.2.1 影子价格

在国民经济费用效益分析中，价格是国民经济评价中的一个关键因素。价格是度量项目费用和效益的统一尺度，价格合理与否关系到费用和效益计算的正确性，从而关系到计价结果的客观性。合理的价格应该反映市场的供求关系、资源的稀缺程度和国际市场价格因素。我国相当一部分产品现行价格不反映或不完全反映这几种因素，原因是：在我国现实经济生活中，由于经济体制、社会与经济环境、经济政策、历史因素等，各种产品和服务的市场价格往往不能正确反映经济价值。在这种情况下，必须调整采用影子价格，以使其能反映产品和服务的价值。

影子价格是指依据一定原则确定的，能够反映投入物和产出物真实经济价值，反映市场供求状况、资源的稀缺程度，使资源得到合理配置的价格。影子价格是根据国家经济增长的目标和资源的可获得性来确定的。如果某种资源数量稀缺且用途广泛，则其影子价格就高；如果这种资源的供应量增多，其影子价格就会下降。进行费用效益时，项目的主要投入物和产出物价格，原则上都应采用影子价格。

确定影子价格时，对于投入物和产出物，首先要区分为市场定价货物、政府调控价格货物、特殊投入物和非市场定价货物这四大类别，然后根据投入物和产出物对国民经济的影响分别处理。

财务分析的目标是追求货币利润的最大化。这决定了财务分析的费用和效益都是采用交易价格，即市场价格来计量的，而不管这种价格是怎样形成和制定的。

1. 影子价格的确定

我国目前市场经济不发达，再加上经济管理体制、经济贸易政策和历史原因，价格扭曲变形严重，市场价格偏离价值的现象普遍存在。因此，现行不合理的市场价格不能作为资源配置的正确标准。在建设项目的国民经济评价中，经济效益和经济费用的测算都应采用影子价格计算。影子价格的计算方法应根据以下情况分别确定。

1）可外贸货物的影子价格

（1）可外贸货物。

外贸货物指在国家关税等政策法规的约束条件下，其生产或使用将直接或间接影响国家进出口的货物。判断一种项目投入物是不是可供外贸物品，不仅在于该物品是不是直接从外国进口的，更主要的是判断由于项目的耗用是否增加进口或使出口减少。如果由于项目的耗用使该项投入物的进口增加或者使其出口减少，则可断定这种投入物是可供外贸的物品，否则就是不可供外贸的物品。建设项目投入物中外贸货物分为直接进口产品（国外产品）、间接进口产品（国内产品，挤占其他企业的投入物使其增加进口，如木材、钢铁及铁矿、铬矿等现在仍然大量进口）、减少出口产品（国内产品，挤占原来用于出口、现在也能出口的产品，如石油、煤炭、有色金属等）。

外贸货物影子价格的定价基础是国际市场价格。尽管国际市场价格并非就是完全理想的价格，存在着诸如发达国家有意压低发展中国家初级产品价格，实行贸易保护主义，限制高技术向发展中国家转移，以维持高技术产品的垄断价格等问题，但在国际市场上起主导作用的还是市场机制，各种商品的价格主要由供需规律决定，多数情况下不受个别国家和集团的控制，一般比较接近物品的真实价值。

工程项目的可外贸出口货物的投入或产出的影子价格应根据口岸价格，按下列公式计算：

$$出口产出的影子价格（出厂价）= 离岸价（FOB）\times 影子汇率 - 出口费用 \quad (5-1)$$

式中：出口费用 = 国内运杂费用 + 贸易费用

$$进口投入的影子价格（到厂价）= 到岸价（CIF）\times 影子汇率 + 进口费用 \quad (5-2)$$

式中：进口费用 = 国内运杂费用 + 贸易费用

（2）贸易费用率。

贸易费用是指外经贸机构为进出口货物所耗用的，用影子价格计算的流通费用，包括货物的储运、再包装、短途运输、装卸、国内保险、检验等环节的费用支出，以及资金占用的机会成本，但不包括长途运输费用。贸易费用一般用货物的口岸价乘以贸易费率计算。贸易费率由项目评价人员根据项目所在地区流通领域的特点和工程项目的实际情况测定。在没有特殊要求的情况下，贸易费用率取6%。

例如：某公路建设项目需大量钢材、水泥和木材（锯材），这些货物都属于外贸物品。因此，可这样计算它们的影子价格：

钢材到岸价为人民币1 700元/t、水泥为160元/t、木材为850元/m^3，工地距某外贸港口150 km，采用公路运输，运价为31.5元/t（或元/m^3）。则它们的影子价格分别为：

钢材：1 700 + 31.5 = 2 001.5 元/t

水泥：160 + 31.5 = 191.5 元/t

木材：850 + 31.5 = 881.5 元/m^3

以上价格已包含贸易费用率，否则还需加上贸易费用率。对于非外贸货物，则须增减市场价格中国家补贴和税收的份额。

2）非外贸货物的影子价格

非外贸货物包括投入项目后不会影响国家进出口的物品，其中一类是"天然"的非外贸货物，如公路、港口、土地、房屋，另一类是由于运输费用过高或受国内国外贸易政策和其他条件限制不能进行外贸的货物。后者在政府通过关税、财政补贴、进行干预时，或者因国内经济结构、产品成本、市场供求关系发生变化时，也可转成外贸物品。

非外贸货物影子价格应根据下列要求计算：

（1）如果项目处于竞争性市场环境中，应采用市场价格作为计算项目投入或产出的影子价格依据。

（2）如果项目的投入或产出的规模很大，项目的实施将足以影响其市场价格，导致"有项目"和"无项目"两种情况下市场价格不一致，在项目评价中，取二者的平均值作为测算影子价格的依据。

（3）如果项目的产出效果不具有市场价格，应遵循消费者支付意愿和（或）接受补偿的意愿，推断出项目影响效果的影子价格。

投入与产出物的影子价格中包含的消费税、增值税、营业税、教育费附加、资源税等流

转税,宜根据产品在整个市场中发挥的作用,分别计入或不计入影子价格。一般可按下列原则处理:

(1)对于产出品增加供给满足于国内市场供应的,影子价格按消费者支付意愿确定,含流转税;顶替原有市场供应的,影子价格按机会成本确定,不含流转税。

(2)对于投入品,用新增供应来满足项目的,影子价格按机会成本确定,不含流转税;挤占原有用户需求来满足项目的,影子价格按支付意愿确定,含流转税。

(3)在不能判别产出或投入是增加供给还是挤占(替代)原有供给的情况下,可简化处理为:产出的影子价格一般包含实际缴纳流转税,投入的影子价格一般不含实际缴纳流转税。

(4)汽车运输成本的影子价格。

汽车运输成本是项目效益计算的重要参数,公路建设项目的效益主要是以汽车运输成本的降低来实现的。为了正确估计项目所产生的效益,必须对汽车运输成本与其影子价格的差价进行了解。对此,首先要将汽车运输成本进行分解,然后逐一分析调整各部分价格。

表5-2列出了汽车运输成本各要素及其所占比重。如某地区混合交通的单位成本为201.13元/换算吨公里,则相应的各要素价格如表中第二栏所示。然后逐项分析各要素价格的影子价格。例如,首先应扣除车船税一项,工资和提取的职工福利费可以不变,燃料按当时市场的出厂价加运费,并综合考虑各种汽车比例及平均每千吨公里油耗指标,最后确定它的影子成本为52.11元,比财务成本47.06元调高了5.05元。逐项计算完毕累加,即得到汽车运输成本的影子价格,计算结果列在表的最后一行中,即为经济运输成本。

表5-2 经济运输成本与财务运输成本比较表(元/千吨换算公里)

成本类别	单位成本	车辆费用(占单位成本的比重约84.5%)											企业管理费
		工资	提取职工福利费	燃料	轮胎	保险	大修	折旧	养路费	运输管理费	车船使用税	其他	
比例/%	100	6.9	0.7	23.4	5.3	13.4	6.9	7.0	15.5	1.0	0.5	3.9	15.5
财务成本	201.13	13.88	1.41	47.06	10.66	26.95	13.88	14.08	31.18	2.01	1.01	7.84	31.17
经济成本	217	13.88	1.41	52.11	8.34	24.89	13.53	40	21.82	2.01	0	7.84	31.17

(5)残值。

按《公路建设项目经济评价方法与参数》(建标106号文,2010年版)的规定,残值一般可取工程费用的50%,以负值形式计入计算期末年的费用中。

3)特殊投入物的影子价格

建设项目的特殊投入物,指在性质上不同于一般的投入物,如项目所使用的劳动力、土地、资金、自然资源等,都属于特殊投入物。特殊投入物的影子价格应按下列方法计算。

(1)影子工资。

项目因使用劳动力所付的工资,是项目实施所付出的代价。劳动力的影子工资等于劳动力机会成本与因劳动力转移而引起的新增资源消耗。

影子工资应按下式计算：

$$影子工资 = 劳动力机会成本 + 新增资源消耗 \quad (5-3)$$

影子工资受劳动力的机会成本和社会资源耗费等因素的影响。影子工资一般通过影子工资换算系数来进行计算。影子工资换算系数是影子工资与项目财务评价中劳动力的工资加提取的福利基金的比值。根据目前我国劳动市场状况，技术性工种劳动力的影子工资换算系数取值为 1，非技术工种劳动力的影子工资换算系数取值在 0.25～0.8；建设期间使用大量农民工的项目，如水利、公路项目，影子工资换算系数可小于 1；对占用大量短缺的专业技术人员的项目，影子工资换算系数可大于 1。

【例 5-1】 某高新技术开发区软件园建设项目投资中的人工费为 2 亿元，其中 75% 为技术性工种工资。在经济费用效益分析中，若取技术性工种影子工资换算系数为 1，非技术性工种影子工资换算系数为 0.5，试求该项目人工费用的调整值。

【解】 人工费用调整值 = 75% × 2 × 1 + 25% × 2 × 0.5 = 1.75（亿元）

（2）土地的影子价格。

我国目前取得土地使用权的方式有行政划拨、协商议价、招标投标、拍卖等。采用不同的方式获得土地使用权，投资项目占用的土地可能具有不同的财务费用，甚至其财务费用为零。但是占用土地的经济费用总是存在的，而且同一块地在一定时期其经济费用应是唯一的。项目占用土地致使这些土地对国民经济的其他潜在贡献不能实现，这种因有了项目而不能实现的最大潜在贡献就是项目占用土地的机会成本。因此，土地的影子价格也是建立在被放弃的最大收益这一机会成本概念上的。土地的影子价格确定原则如下：

土地是一种重要的资源，项目占用的土地无论是否支付费用，均应计算其影子价格。项目所占用的农业、林业、牧业、渔业及其他生产性用地，其影子价格应按照其未来社会可提供的消费产品的支付意愿及因改变土地用途而发生的新增资源消耗进行计算。项目所占用的住宅、休闲用地等非生产性用地，市场机制完善的，应根据市场交易价格估算其影子价格；无市场交易价格或市场机制不完善的，应根据支付意愿价格估算其影子价格。方法如下：

① 对于项目所占用的农业、林业、牧业、渔业及其他生产性用地，土地的经济成本按土地机会成本与新增资源消耗之和计算。新增资源消耗指"有项目"情况下土地的征用造成原有地上附属物财产的损失及其他资源耗费。若项目占用的是农业土地，其经济成本为原来的农业净收益、拆迁费用和劳动力安置补偿费。

② 对于住宅、休闲等非生产性用地，如项目挤占城市用地，且通过政府公开拍卖、招标、挂牌取得的土地使用权，以及通过市场交易取得的已出让国有土地使用权，应按照支付意愿的原则，以土地市场交易价格计算土地的影子价格，主要包括土地出让金、基础设施建设费、拆迁补偿费等。

③ 未通过正常市场交易取得的土地使用权，应分析价格优惠或扭曲情况，参照当地土地正常情况下的市场交易价格、可能使用的各种现实用途进行计算，以土地得到最大净收益的机会为计算对象，测算出土地的影子价格；无法通过正常市场交易价格类比确定土地影子价格时，应采用收益现值法，或以土地开发成本加开发投资应得的收益作为影子价格。

例如，某公路建设项目占用土地影子价格测算示例如下：

项目土地作为项目的特殊投入物,其土地影子费用包括土地机会成本和新增资源消耗费用。土地机会成本按照拟建项目占用土地而使国民经济为此放弃该土地的净效益测算。项目占用土地主要为旱地和林地。参考国家发改委和原建设部 2006 年颁布的《建设项目经济评价方法与参数》(第三版),选取最优的种植方式,按照平均效益年增长率、社会折现率计算土地机会成本。计算公式如下:

$$OC = NB_0(1+g)^{\tau+1} \cdot \frac{1-(1+g)^n(1+i)^{-n}}{i-g} \tag{5-4}$$

式中 OC——土地单位面积的机会成本;

　　n——项目占用土地的年限,一般为项目评价期;

　　NB_0——基年土地的"最好可行替代用途"的单位面积年净效益(元/亩*);

　　τ——基年距项目开工年年数;

　　g——土地年平均净效益增长率;

　　i——社会折现率。

(3)自然资源影子价格。

各种自然资源是一种特殊的投入物,项目使用的矿产资源、水资源、森林资源等都是对国家资源的占用和消耗。

根据规定,项目投入的自然资源,无论在财务上是否付费,在经济费用效益分析中都必须测算其经济费用。不可再生自然资源(如矿产资源)的影子价格应按资源的机会成本计算,可再生资源(水、森林等)的影子价格应按资源再生费用计算。

5.2.2 影子汇率

汇率是两个国家不同货币之间的比价或交换比率。

影子汇率系指能正确反映国家外汇经济价值的汇率。建设项目国民经济评价中,项目的进口投入物或出口产出物,应采用影子汇率换算系数调整计算进出口外汇收支的价值。

影子汇率主要依据一个国家或地区一段时期内进出口的结构和水平、外汇的机会成本及发展趋势、外汇供需状况等因素确定。一旦上述因素发生变化时,影子汇率值需作相应的调整。

影子汇率可通过影子汇率换算系数得出。影子汇率换算系数系指影子汇率与外汇牌价之间的比值。影子汇率应按下式计算:

$$影子汇率 = 外汇牌价 \times 影子汇率换算系数 \tag{5-5}$$

影子汇率根据我国外汇收支、外汇供求、进出口结构、进出口关税、进出口增值税及出口退税补贴等情况,影子汇率换算系数为 1.08。

【例 5-2】 已知 2015 年 1 月 10 日国家外汇牌价中人民币对美元的比值为 620.85/100,试求人民币对美元的影子汇率。

【解】 影子汇率 = 影子汇率换算系数 × 620.85/100 = 1.08 × 620.85/100 = 6.705 2

---

* 编者注:1 亩 = 667 m²。

5.2.3 社会折现率

社会折现率，是用以衡量资金时间价值的重要参数，代表社会资金被占用应获得的最低收益。

社会折现率系指建设项目国民经济评价中衡量经济内部收益率的基准值，也是计算项目经济净现值的折现率，是项目经济可行性和方案比选的主要判据。适当的折现率有利于合理分配建设资金，指导资金投向对国民经济贡献大的项目，调节资金供求关系，促进资金在短期和长期建设项目之间的合理调配。

社会折现率应根据国家的社会经济发展目标、发展战略、发展优先顺序、发展水平、宏观调控意图、社会投资收益水平、资金供给状况、资金机会成本等因素综合分析，结合我国当前的实际情况，根据国家发展和改革委员会和原建设部联合发布的《建设项目经济评价与参数》(第三版)，目前测定社会折现率为 8%；对于受益期长的建设项目，如果远期效益较大，效益实现的风险较小，社会折现率可适当降低，但不应低于 6%。

5.3 国民经济评价指标及报表

5.3.1 国民经济评价的步骤

1. 公路建设项目经济评价原则

1)"有无"比较法的原则

"有无"比较法，是指比较拟建项目在建设的情况下发生的各种费用和效益与假定拟建项目不实施的情况下发生的各种费用和效益，以此来确定拟建项目费用与效益的一种方法。这种比较对于准确衡量项目所带来的净收益是非常必要的。需注意的是，不是以项目建设"前后"情况进行对比，因为采用"前后"比较时，没有充分考虑如果不建项目，则以"前"道路交通拥挤将进一步恶化、运输成本将不断提高这一事实。请看下面的例子。

某公路交通拥挤，运输成本为 159 元/千吨公里，由于交通量增长速度使道路行驶条件不断恶化，预测 10 年、20 年后运输成本为每千吨公里 172 元和 179 元。现拟建一条新公路，3 年建成，在第 10 年、20 年的运输成本为 132 元/千吨公里和 148 元/千吨公里，则按"前后"对比和按"有无"对比方法将得到以下不同的效益（元/千吨公里）：

"前后"对比：第 10 年，159 − 132 = 27；第 20 年，159 − 148 = 11。

"有无"对比：第 10 年，172 − 132 = 40；第 20 年，179 − 148 = 31。

2) 费用与效益的范围对应一致的原则

国民经济评价以国家利益为依据，评价时效益和费用应能反映对国家整体产生的效应。例如：费用中的税收就不应看作是工程支出，因为它全部收入国库，国家并未实际上的支出；同样，虽然公路带来的社会效益并不能使项目建设部门在财务上得到体现，但国家和国民确定得到了实惠,因此这部分效益应计入国民经济效益中。财务分析情况也一样,以财务上真正支出和入账的收入作为费用与效益。

3)计算期采用同一价格的原则

国家发改委、原建设部2006年颁布的《建设项目经济评价方法与参数》(第三版)中规定:国内建设项目的经济评价,在计算期内各年使用同一价格,即以项目建设的第一年的市场价格或影子价格为基准,经济评价和财务分析期间价格不变。

这是因为影响物价的因素太多、太复杂,难以预测,况且,在多数情况下,费用有涨价因素,效益(收入)也有涨价因素,为便于各方案、各行业、各部门作项目比较,规定不再考虑计算期(即项目建设期加使用后预测期)的涨价因素。

4)经济评价计算年限应统一的原则

公路建设项目经济评价计算年限 = 建设年限 + 使用后的预测年限

公路投入使用后的预测年限原则上统一按20年计算,而不像《公路工程技术标准》(JTG B01—2014)规定的远景设计年限那样,按公路等级分别采用10年(四级公路)到20年(一级以上公路)。采用统一的计算年限有利于比较不同项目(不同公路等级)的经济评价结果。

2. 经济评价的工作步骤

国民经济评价的工作步骤如下:

计算主要投入物的影子价格→计算效益和费用→计算各经济评价指标→经济评价敏感性分析→项目决策建议。

财务分析的工作步骤如下:

计算投入物的市场价格→计算收费收入和投资额→计算各财务评价指标→财务敏感性分析→项目决策建议。

5.3.2 公路工程项目的经济费用和效益

1. 公路工程项目的经济费用

1)公路工程经济费用计算原则

国民经济评价采用影子价格,在计算效益和费用前需先确定一些主要资源和汽车运输成本的影子价格。然后,采用汽车运输成本的影子价格计算项目效益。经济费用调整的主要内容包括:

(1)公路建设及养护所涉及的主要投入物按影子价格调整,包括钢材、木材、水泥、沥青等一般投入物和劳动力及土地两种特殊投入物。

(2)车辆运营成本按影子价格调整,包括司乘人员人工、燃料、轮胎、保修人工及零配件、折旧等。

(3)剔除国民经济内部的"转移支付",包括税金、补贴、国内借款利息等。

2）公路工程项目经济费用测算

公路工程项目的经济费用分为两部分：第一部分是指建设期经济费用，其中应计入贷款过程中的相关费用及报告编制年至项目开工前一年的物价上涨费用；第二部分是指运营期经济费用，包括日常养护费用、管理费用、大修费用、国外贷款利息等。残值可取公路建设经济费用的50%，以负值计入费用；在以"做最少情况"作为"基准情况"时，应将其费用以负值计入。

公路工程项目费用计算的具体范围表现在如下几个方面：

① 公路建设费用。
② 公路大修费用。
③ 公路日常养护、管理费用。
④ 残值（残值可取公路建设经济费用的50%，以负值计入费用）。

（1）公路工程项目建设费用的确定方法。

① 人工费的计算。由于国际劳务市场是一种非完全竞争市场，劳务输出要受到各种限制。因此，人工费的计算不能根据国际劳务市场价格来计算，而只能根据其机会成本来确定，即所谓劳动力的影子工资。

② 材料费的计算。

a. 钢材：各种类型的钢材包括钢筋、预应力粗钢筋、钢绞线、高强钢丝、钢材、波形钢板及型钢立柱、加工钢材、钢板标志等，按其影子价格来计算。方法是：

到岸价格乘以影子汇率，加上口岸到原用户的运费及贸易费，减去供应地到原用户的贸易费及运费，加上供应地到拟建项目地的贸易费和运费（贸易费和运费都要用影子价格）。

b. 木材：包括原木和锯材，按其影子价格来计算，方法同上。

c. 水泥：若采用国内水泥应按非外贸货物处理。由于国内水泥市场接近于完全竞争市场，因此，可直接根据市场价格来定价，即影子价格等于市场价格。若采用进口水泥可按钢材的影子价格确定方法计算。

d. 沥青：当需要的沥青为进口沥青时，其费用按照影子价格计算，由于它属于直接进口产品，其影子价格计算的确定方法是口岸价乘以影子汇率加上国内的贸易费用和运杂费；当需要的沥青为一般国产沥青时，其影子价格的确定方法与钢材的影子价格确定方法相同。

e. 其他材料费。其他材料可参照国内市场价格计算其费用，实际工作中，其投资估算原则上不变。

③ 机械使用费的计算。

对于可以租赁的机械可根据租赁费来确定其机会成本。其他机械可按下述方法确定：

a. 机械使用费中的燃料费应根据燃料的影子价格计算。

b. 轮胎费用中应扣除税金，将财务价格还原为经济价格。

c. 机上人员工资按影子工资计算。

d. 大修费、经常修费中应扣除税金。

e. 折旧费用资金回收费代替。

f. 应剔除车船使用税。

g. 其他费用不变。

机械使用费的计算较为复杂，部分费用要调高（如燃料费、折旧费），部分费用应调低。实际工作中，有些在计算上做了简化。

（2）公路工程项目经济费用调整方法。

经济费用调整可以项目投资估算为基础编制建设费用调整表（表 5-4）。具体做法如下：

① 对建筑安装工程中的人工、原木、锯材、钢材、沥青、水泥等主要材料作影子价格调整。

② 剔除建筑安装工程费中的税金、利润。

③ 对"其他工程建设费用"中的土地占用费作影子价格调整，剔除国内贷款利息。

④ 剔除预留费用中的价差预备费。

2. 公路工程项目的经济效益

公路建设项目的经济效益是指项目对国民经济所做的贡献，分为直接效益和间接效益。一般只计算直接效益，并通过"有无对比法"来确定。即通过对拟建项目建设后使用中（消费者）所发生的各种费用与拟建项目不实施情况下（消费者）所发生的各种费用进行比较来确定拟建项目的效益。

公路工程项目的经济效益系指全社会公路使用者所获得的效益及公路的外部经济性给当地工农业生产及经济发展带来的效益，是经济活动的净成果。

公路项目的直接效益（B）包括：公路使用者费用节约和原有相关公路维护费用节约。其中公路使用者费用节约主要有拟建项目和原有相关公路的降低运营成本效益（B_1）、旅客在途时间节约效益（B_2）和拟建项目减少交通事故效益（B_3）。

计算公路项目经济效益可以采用相关路线法、路网费用法和 OD 矩阵法。计算中对车型不做要求，但要注意保持各参数之间的一致性。下面主要介绍相关线路法。

1）相关线路法

相关线路法是在确定与拟建项目相关的原有公路路线基础上，通过公路使用者在"无项目"情况下使用原有公路和在"有项目"情况下使用拟建项目费用物比较，计算项目产生的经济效益。下述公式是按不分车型计算设计的。当分车型进行时，将各车型的计算结果汇总即可。具体计算公式如下：

（1）降低营运成本的效益（B_1）。

$$B_1 = B_{11} + B_{12} \tag{5-6}$$

式中 B_{11}——拟建项目降低营运成本的效益（元/年）；

B_{12}——原有相关公路降低营运成本的效益（元/年）。

① B_{11} 的计算公式：

$$B_{11} = 0.5 \times (T_{1p} + T_{2p})(VOC'_{1b} \times L' - VOC_{2p} \times L) \times 365 \tag{5-7}$$

式中 T_{1p}——"有项目"情况下，拟建项目的趋势交通量（自然数，辆/日）；

T_{2p}——"有项目"情况下，拟建项目的总交通量（自然数，辆/日）；

VOC'_{1b}——"无项目"情况下，原有相关公路在趋势交通量条件下各种车型车辆加权平均单位营运成本 [元/（车公里）]；

VOC'_{2p} ——"有项目"情况下，拟建项目在总交通量条件下各种车型车辆加权平均单位营运成本[元/（车公里）]；

L' ——原有相关公路的路段里程（千米）；

L ——拟建项目的路段里程（千米）。

② B_{12} 的计算公式：

$$B_{12} = 0.5 \times L' \times (T'_{1p} + T'_{2p})(VOC'_{1b} - VOC'_{2p}) \times 365 \qquad (5-8)$$

式中 T'_{1p} ——"有项目"情况下，原有相关公路的趋势交通量（自然数，辆/日）；

T'_{2p} ——"有项目"情况下，原有相关公路的总交通量（辆/日）；

VOC'_{2p} ——"有项目"情况下，原有相关公路在总交通量情况下各种车辆的加权平均单位营运成本[元/（车公里）]。

（2）旅客时间节约效益（B_2）。

旅客时间节约效益计算公式为：

$$B_2 = B_{21} + B_{22} \qquad (5-9)$$

式中 B_{21} ——拟建项目的旅客节约时间效益（元/年）；

B_{22} ——原有相关公路的旅客节约时间效益（元/年）。

① B_{21} 的计算公式：

$$B_{21} = 0.5 \times W \times E \times (T_{1pp} + T_{2pp})(L'/S'_{1b} - L/S_{2p}) \times 365 \qquad (5-10)$$

式中 W ——旅客单位时间价值[元/（人·小时）]；

E ——客车平均载运系数（人/辆）；

S'_{1b} ——"无项目"情况下，原有相关公路在趋势交通量条件下的各种车型客车的加权平均运行速度（千米/小时）；

S_{2p} ——"有项目"情况下，拟建项目在总交通量条件下的各种车型客车的平均运行速度（千米/小时）；

T_{1pp} ——"有项目"情况下，拟建项目客车趋势交通量（自然数，辆/日）；

T_{2pp} ——"有项目"情况下，拟建项目客车总交通量（自然数，辆/日）。

② B_{22} 的计算公式：

$$B_{22} = 0.5 \times W \times E \times L'(T'_{1pp} + T'_{2pp})(1/S'_{1b} - 1/S'_{2p}) \times 365 \qquad (5-11)$$

式中 S'_{1b} ——"无项目"情况下，原有相关公路在正常交通量条件下各种车型客车加权平均运行速度（千米/小时）；

S'_{2p} ——"有项目"情况下，原有相关公路在总交通量条件下的各种车型客车的平均行驶速度（千米/小时）；

T'_{1pp} ——"有项目"情况下，原有相关公路的客车趋势交通量（自然数，辆/日）；

T'_{2pp} ——"有项目"情况下，拟建项目客车总交通量（自然数，辆/日）。

(3) 减少交通事故的效益 (B_3)。

$$B_3 = B_{31} + B_{32} \tag{5-12}$$

式中 B_{31}——拟建项目减少交通事故效益(元/年);

B_{32}——原有相关公路减少交通事故效益(元/年)。

① B_{31} 的计算公式:

$$B_{31} = 0.5 \times (T_{1p} + T_{2p})(r'_{1b} \cdot L' \times C'_b - r_{2p} \cdot L \cdot C_p) \times 365 \times 10^{-8} \tag{5-13}$$

式中 C'_b——"无项目"情况下,原有相关公路单位事故平均经济损失费(元/次);

C_p——"有项目"情况下,拟建项目单位事故平均经济损失费(元/次);

r'_{1b}——"无项目"情况下,原有相关公路在正常交通量条件下的事故率[次/(亿车公里)];

r_{2p}——"有项目"情况下,拟建项目在总交通量条件下的事故率[次/(亿车公里)]。

② B_{32} 的计算公式:

$$B_{32} = 0.5 \times (T'_{1p} + T'_{2p})(r'_b \cdot C'_b - r'_{2p} \cdot C'_p) \times 365 \times 10^{-8} \times L' \tag{5-14}$$

式中 C'_p——"有项目"情况下,原有相关公路单位事故平均经济损失费(元/次);

r'_{2p}——"有项目"情况下,原有相关公路在总交通量条件下的事故率[次/(亿车公里)]。

③ 事故率计算公式:

高速公路:$R = 40 + 0.005 \times AADT$

高速公路一幅:$R = 83 + 0.0065 \times AADT$

二级公路:$R = 133 + 0.007 \times AADT$

三级公路:$R = 140 + 0.03 \times AADT$

四级公路:$R = 140 + 0.03 \times AADT$

式中 R——事故次数[次/(亿车公里)];

$AADT$——年平均日交通量(中型车,辆/日)。

例如:某公路项目各等级公路平均事故损失费计算示例见表5-3。

表5-3 公路平均事故损失费

等 级	高速公路	高速公路一幅	二级公路	三级公路	四级公路
平均事故损失费(元/次)	14 000	7 750	6 500	4 500	3 500

2) 路段费用法

路段费用法是通过公路使用者在"无项目"情况下和"有项目"情况下使用影响区域路网费用的比较,计算项目产生的经济效益,其具体计算是针对路网逐个路段计算并汇总的。计算公式请参阅《公路建设项目经济评价方法与参数》(中华人民共和国住房和城乡建设部、中华人民共和国交通运输部发布,2010年)。

3) OD 矩阵法

OD 矩阵法是以"无项目"情况下和"有项目"情况下路网的汽车运营费用、运行时间矩阵和交通量矩阵为基础,计算项目产生的经济效益。其中汽车运营费用和运行时间采用全部交通量分配到路网上之后的数据。OD 矩阵法可以计算汽车运营成本节约的效益和旅客节约时间效益,但是减少交通事故效益还需要用相关线路法或路段费用法来计算。具体公式请参阅《公路建设项目经济评价方法与参数》(中华人民共和国住房和城乡建设部、中华人民共和国交通运输部发布,2010 年)。

5.3.3 国民经济评价指标

项目经济费用分析采用社会折现率对未来经济效益费用进行折现。项目的所有效益和费用(包括不能货币化的效果)一般均应在共同的时点基础上予以折现。

如果项目的经济费用和效益能够进行货币化,应在费用效益识别和计算的基础上,编制经济费用效益流量表,计算经济费用效益分析指标,分析项目投资的经济效果。

经济评价指标有四个:经济净现值(ENPV)、经济内部收益率(EIRR)、经济效益费用比(R_{BC})、投资回收期(N)。

1. 经济净现值(ENPV)

经济净现值是用社会折现率将计算期内各年的经济净效益流量折现到建设期初的现值之和。净现值反映的是项目对国民经济所做贡献的大小,ENPV 越大,说明方案越优。其计算式如下:

$$ENPV = \sum_{t=1}^{n}(B-C)_t(1+i_s)^{-t} \quad (5\text{-}15)$$

式中 B——经济效益流量;
  C——经济费用流量;
  $(B-C)_t$——第 t 期的经济净效益流量;
  i_s——社会折现率;
  n——项目计算期。

在经济费用效益分析中,如果经济净现值等于或大于 0,表明项目可以达到符合社会折现率的效益水平,认为该项目从经济资源配置的角度可以被接受。而当计算结果小于 0 时,说明项目达不到社会折现率条件下为社会做出贡献的要求,因而项目是不可行的。

2. 经济内部收益率(EIRR)

经济内部收益率是使项目在计算期内,各年净现值的累计值等于零时的折现率。即使用某一折现率,使得项目在计算年限内的费用现值总额和效益现值总额相等,这个折现率就是内部收益率。内部收益率计算公式如下:

$$\sum_{t=1}^{n}(B-C)_t(1+EIRR)^{-t} = 0 \quad (5\text{-}16)$$

式中符号意义同前。

对式（5-15），通常试算后用线性插值公式求得 EIRR。

$$EIRR = i_1 + (i_2 - i_1) \cdot \frac{NPV_1}{NPV_1 + |NPV_2|} \quad (5-17)$$

式中　i_1——试算的低折现率，采用此折现率时，净现值为正值；
　　　i_2——试算的高折现率，采用此折现率时，净现值为负值；
　　　NPV_1——采用低折现率时的净现值（正值）；
　　　NPV_2——采用高折现率时的净现值（负值）的绝对值。

经济内部收益率是一个相对指标，表示项目投资对国民经济的贡献能力。如果经济内部收益率等于或大于社会折现率，表明项目配置的经济效益达到了可以被接受的水平，即项目是可行的；而小于社会折现率时则是不可行的。

3. 经济效益费用比（R_{BC}）

项目的效益费用比是项目在计算期内各年效益流量的现值总额与各年费用的现值总额的比值。其经济含义为每万元的投资可获利多少，应按下式计算：

$$R_{BC} = \frac{\sum_{t=1}^{n} B_t (1+i_s)^{-t}}{\sum_{t=1}^{n} C_t (1+i_s)^{-t}} \quad (5-18)$$

式中　B_t——第 t 期的经济效益；
　　　C_t——第 t 期的经济费用。

如果经济效益费用比大于 1，表明项目资源配置的经济效益达到了可以被接受的水平，即说明项目所具有的获利能力超过对项目的投入，项目可行。

4. 动态投资回收期 N

动态投资回收期是以项目的净效益抵偿项目建设总投资所需要的时间。建设项目的投资回收期从建设项目投资的第一年算起，以年为单位。在采用列表计算经济指标时，可直接按表格中净现值从负值转变为正值的这一年确定投资回收期 N。也可按下式推出投资回收期 N：

$$\sum_{t=1}^{N} (B-C)_t (1+i_s)^{-t} = 0 \quad (5-19)$$

进行项目经济评价时，习惯将净现值、内部收益率、效益费用比、动态投资回收期 4 个指标评价结果并列出来，供决策者参考。实际上，这 4 项指标作为决策依据是各有其特色的，在多方案经济效益对比时，不宜选用单一指标，而应综合考虑多项指标。

5.3.4　国民经济评价报表

根据中华人民共和国住房和城乡建设部、中华人民共和国交通运输部 2010 年联合发布

的《公路建设项目经济评价方法与参数》中的附表,国民经济评价中所使用的相关附表共有7个主要表格,具体表格名称如下所示:

建设项目费用调整表(表5-4);

项目投资经济费用效益流量表(表5-5);

项目投资现金流量表(表5-6);

项目资本金现金流量表(表5-7);

利润与利润分配表(表5-8);

借款还本付息表(表5-9);

敏感性分析表(表5-10)。

表 5-4　建设项目费用调整表

费用名称	单位	数量	预算单价（元）	投资估算（万元）	影子价格或换算系数	经济费用（万元）
人工	工日					
原木	m^3					
锯材	m^3					
钢材	t					
水泥	t					
沥青	t					
其他费用	公路公里					
税金	公路公里					
第一部分合计	公路公里					
第二部分合计	公路公里					
征地费	m^2					
国内贷款利息	公路公里					
国外贷款利息	公路公里					
其他	公路公里					
第三部分费用合计	公路公里					
预备费	公路公里					
预留费用	公路公里					
其他费用	公路公里					
工程投资合计（不含息）	公路公里					
工程投资合计（含息）						

注:钢材、沥青的价格为加权平均值。

表 5-5　项目投资经济费用效益流量表

序号	项　目	建　设　期			运　营　期				
		1	2	3	4	5	6	…	n
1	费用流出								
1.1	建设费用								
1.2	运营管理费								
1.3	日常养护费								
1.4	大中修费								
1.5	残值								
1.6	其他费用								
2	效益流入								
2.1	降低运输成本								
2.2	旅客节约时间								
2.3	减少交通事故								
3	净效益流量								

计算指标：
内部收益率（%）
净现值（万元）　　　　　（$i_s =$　　%）
效益费用比
投资回收期（年）

表 5-6　项目投资现金流量表

序号	项　目	建　设　期			运　营　期			
		1	2	3	4	5	…	n
1	现金流入							
1.1	收费收入							
1.2	回收固定资产余值							
1.3	其他收入							
2	现金流出							
2.1	建设投资（不含建设期利息）							
2.2	经营成本							
2.2.1	运营管理费							
2.2.2	养护费							
2.2.3	大中修费							
2.3	营业税金及附加							
2.4	所得税							

续表

序号	项 目	建设期			运营期			
		1	2	3	4	5	…	n
3	净现金流量（1－2）							
4	累计净现金流量							
5	所得税前净现金流量（3＋2.4）							
6	所得税前累计净现金流量							

计算指标：
　　　　　　所得税后　　　　　　　　　所得税前
财务内部收益率
财务净现值（万元）
投资回收期（年）
效益费用比

表5-7　项目资本金现金流量表

序号	项 目	建设期		运营期	
1	现金流入				
1.1	收费收入				
1.2	回收固定资产余值				
1.3	其他收入				
2	现金流出				
2.1	项目资本金				
2.2	借款本金偿还				
2.3	借款利息偿还				
2.4	经营成本				
2.5	营业税金及附加				
2.6	所得税				
2.7	其他费用				
3	净现金流量（1－2）				
4	累计净现金流量				

计算指标：
　　　　　　所得税后　　　　　　　　　所得税前
资本金财务内部收益率
资本金财务净现值（万元）
资本金投资回收期（年）
资本金效益费用比

表 5-8 利润与利润分配表

序号	项目	运营期						
		1	2	3	4	5	…	20
1	营业收入							
2	营业税及附加							
3	其他收入							
4	总成本							
4.1	经营成本							
4.2	折旧							
4.3	运营期利息支出							
4.4	其他费用							
5	利润总额（1-2+3-4）							
6	弥补以前年度亏损							
7	应纳税所得额（5-6）							
8	所得税							
9	净利润（5-8）							
10	期初未分配利润							
11	可供分配利润（9+10）							
12	提取法定盈余公积金							
13	可供投资者分配利润（11-12）							
14	应付优先股股利							
15	提取任意盈余公积金							
16	应付普通股股利（13-14-15）							
17	各方投资利润分配							
	其中：××方							
	××方							
18	未分配利润（13-14-15-17）							
19	息税前利润 （利润总额+利息支出）							
20	息税折旧摊销前利润 （息税前利润+折旧+摊销）							

表 5-9 借款还本付息表

序号	项 目	建设期			运营期			
		1	2	3	4	5	...	n
1	借款 1							
1.1	期初借款余额							
1.2	当期还本付息							
	其中：还本							
	付息							
1.3	期末借款余额							
2	借款 2							
2.1	期初借款余额							
2.2	当期还本付息							
	其中：还本							
	付息							
2.3	期末借款余额							
3	债券							
3.1	期初债务余额							
3.2	当期还本付息							
	其中：还本							
	付息							
3.3	期末债务余额							
4	借款和债券合计							
4.1	期初余额							
4.2	当期还本付息							
	其中：还本							
	付息							
4.3	期末余额							
计算指标	利息备付率							
	偿债备付率							

表 5-10 敏感性分析表

效益减少	项目	费用增加		
		0%	10%	20%
20%	N			
	NPV			
	R_{BC}			
	IRR			
10%	N			
	NPV			
	R_{BC}			
	IRR			
0%	N			
	NPV			
	R_{BC}			
	IRR			

本章小结

建设项目经济评价应根据国民经济与社会发展以及行业、地区发展规划的要求，在项目初步方案的基础上，采用科学的分析方法，对拟建项目的财务可行性和经济合理性进行分析论证，为项目的科学决策提供经济方面的依据。建设项目经济评价包括财务评价（也称财务分析）和国民经济评价（也称经济分析）。财务评价是从项目角度运用现行市场价格对项目的财务收益情况所作的分析。而国民经济评价是在合理配置社会资源的前提下，从国家经济整体利益的角度出发，计算项目对国民经济的贡献，分析项目的经济效率、效果和对社会的影响，评价项目在宏观经济上合理性，评价时采用的价格是影子价格体系和社会折现率、影子汇率换算系数。当二者评价结论一致时，其结论是一致的，即项目经济评价可行。当二者矛盾时，财务评价要服从国民经济评价的结论。

本章主要描述了国民经济评价与财务评价的概念、区别，说明了国民经济评价理论，分析了公路工程建设项目经济费用与经济效益的确定方法，叙述了公路建设项目国民经济费用分析方法（"有无"分析法）。

复习思考题

1. 国民经济评价与财务评价指标与评价标准是什么?
2. 什么叫影子价格?货物的影子价格是如何确定的?请举例说明。
3. 有无分析法与前后对比法有什么区别?各适用于什么样的项目?
4. 转移支付的概念是什么?公路建设项目国民经济评价中,哪些费用内容属于转移支付?
5. 简述工程项目的国民经济评价的指标与方法。
6. 如何确定公路建设项目的经济费用和经济效益?哪些效益可定量计算?

第6章 不确定性分析

教学目标：
- 理解不确定性分析的含义
- 掌握线性盈亏平衡分析的应用
- 掌握单因素敏感性分析的应用
- 了解风险分析的主要方法

本章主要阐述了不确定性分析的概念，详细介绍了不确定性分析与风险分析的各种方法。不确定性分析包括盈亏平衡分析和敏感性分析。风险分析主要涉及风险识别、风险估计、风险决策和风险应对。

6.1 不确定性分析概述

工程项目投资决策时面对未来，项目评价所采用的数据大部分来自估算和预测，有一定程度的不确定性和风险。为了尽量避免投资决策失误，有必要进行风险与不确定性分析。

所谓工程项目的不确定性分析，就是考查建设投资、经营成本、产品售价、销售量、项目寿命等因素变化时，对项目经济评价指标所产生的影响。这种影响越强烈，表明所评价的项目方案对某个或某些因素越敏感。对于这些敏感因素，要求项目决策者和投资者予以充分重视和考虑。工程项目不确定性分析的方法主要包括盈亏平衡分析和敏感性分析、风险分析。

工程项目的风险分析主要涉及风险识别、风险估计、风险决策和风险应对。

不确定性分析是缺乏足够信息的条件下所造成的实际值和期望值的偏差，其结果无法用概率分布规律来描述。

而风险分析是由于随机的原因而造成的实际值和期望值的差异，其结果可用概率分布规律来描述。

盈亏平衡分析只适用于财务评价，敏感性分析和风险分析可同时用于财务评价和国民经济评价。

6.2 盈亏平衡分析

盈亏平衡分析是在完全竞争或垄断竞争的市场条件下，研究工程项目特别是工业项目产品生产成本、产销量与盈利的平衡关系的方法。对于一个工程项目而言，随着产销量的变化，盈利与亏损之间一般至少有一个转折点，我们称这种转折点为盈亏平衡点 BEP（Break Even Point），在这点上，营业收入与成本费用相等，既不亏损也不盈利。盈亏平衡分析就是要找出项目方案的盈亏平衡点。一般来说，对工程项目的生产能力而言，盈亏平衡点越低，项目盈利的可能性就越大，对不确定因素变化所带来的风险的承受能力就越强。

盈亏平衡分析的基本方法是建立成本与产量、营业收入与产量之间的函数关系，通过对这两个函数及其图形的分析，找出亏盈平衡点。

根据生产成本及销售收入与产量（或销售量）之间是否呈线性关系，盈亏平衡分析又可进一步分为线性盈亏平衡分析和非线性盈亏平衡分析。

6.2.1 线性盈亏平衡分析

1. 线性盈亏平衡分析的假定

（1）产品产量等于产品销售量。
（2）在所分析的产量范围内，固定总成本保持不变。
（3）生产量变化，单位变动成本不变，从而使总生产成本成为产量的线性函数。
（4）生产量变化，销售单价不变，从而使销售收入成为销售量的线性函数。

2. 线性盈亏平衡分析的基本公式

年营业收入方程：

$$R = P \times Q \tag{6-1}$$

年总成本费用方程：

$$C = F + V \times Q + T \times Q \tag{6-2}$$

年利润方程：

$$B = R - C = (P - V - T)Q - F \tag{6-3}$$

式中　R——年总营业收入；

　　　P——单位产品销售价格；

　　　Q——项目设计生产能力或年产量；

　　　C——年总成本费用；

　　　F——年总成本中的固定成本；

　　　V——单位产品变动成本；

　　　T——单位产品营业税金及附加；

　　　B——年利润。

当盈亏平衡时，$B = 0$，则

年产量的盈亏平衡点：

$$BEP_Q = \frac{F}{P-V-T} \qquad (6\text{-}4)$$

营业收入的盈亏平衡点：

$$BEP_R = P\left(\frac{F}{P-V-F}\right) \qquad (6\text{-}5)$$

盈亏平衡点的生产能力利用率：

$$BEP_Y = \frac{BEPQ}{Q} = \frac{F}{(P-V-T)Q} \qquad (6\text{-}6)$$

经营安全率：

$$BEP_S = 1 - BEP_Y \qquad (6\text{-}7)$$

平衡点的生产能力利用率一般不应大于75%；经营安全率一般不应小于25%。

产品销售价格的盈亏平衡点：

$$BEP_P = \frac{F}{Q} + V + T \qquad (6\text{-}8)$$

单位产品变动成本的盈亏平衡点：

$$BEP_V = P - T - \frac{F}{Q} \qquad (6\text{-}9)$$

以上分析如图 6-1 所示。

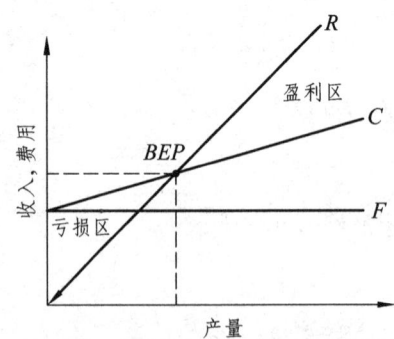

图 6-1　线性盈亏平衡分析图

【例 6-1】　某工业项目设计方案年产量为 15 万吨，已知每吨产品的销售价格为 700 元，每吨产品缴付的营业税金及附加（含增税值）为 160 元，单位可变成本为 300 元，年总固定成本费用为 1 500 万元，试求用产量表示的盈亏平衡点、盈亏平衡点的生产能力利用率、盈亏平衡点的售价。

【解】　　　　$R = 700 \times Q$

$C = 1\ 500 + (300 + 160) \times Q$

BEP(产量) $= 1\,500 \div (700 - 300 - 160) = 6.25$(万吨)

BEP(生产能力利用率) $= 6.25 \div 15 \times 100\% = 41.67\%$

BEP(产品售价) $= 1\,500 \div 15 + 300 + 160 = 560$(元/吨)

6.2.2 非线性盈亏平衡分析

在垄断竞争条件下,项目产品销量增加,市场上该产品的售价就要下降,因而营业收入与产销量之间是非线性关系;同时,企业增加产量时原材料价格可能上涨,同时要多支付一些加班费、奖金以及设备维修费,使产品的单位可变成本增加,从而总成本与产销量之间也成非线性关系。这种情况下盈亏平衡点可能出现一个以上,如图6-2所示。

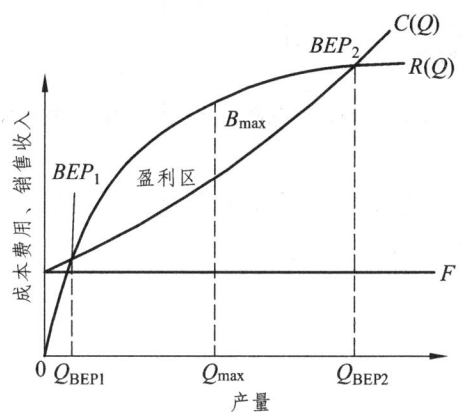

图6-2 非线性盈亏平衡分析

【例6-2】 某项目投产以后,它的年固定成本为66 000元,单位产品变动成本为28元。由于原材料整批购买,每多生产一件产品,单位变动成本可降0.001元;售价为55元,销售每增加一件产品,售价下降0.003 5元。试求盈亏平衡点及最大利润时的销售量。

【解】 产品的售价为:$(55 - 0.003\,5Q)$;

单位产品的变动成本为:$(28 - 0.001Q)$。

(1)求盈亏平衡点的产量 Q_1 和 Q_2:

$$C(Q) = 66\,000 + (28 - 0.001Q)Q$$
$$= 66\,000 + 28Q - 0.001Q^2$$

$$R(Q) = 55Q - 0.003\,5Q^2$$

根据盈亏平衡原理:

$$C(Q) = R(Q)$$

$$66\,000 + 28Q - 0.001Q^2 = 55Q - 0.003\,5Q^2$$

$$0.002\,5Q^2 - 27Q + 66\,000 = 0$$

$$Q_1 = \frac{27 - \sqrt{27^2 - 4 \times 0.002\,5 \times 66\,000}}{2 \times 0.002\,5} = 3\,470 \text{（件）}$$

$$Q_2 = \frac{27 + \sqrt{27^2 - 4 \times 0.002\,5 \times 66\,000}}{2 \times 0.002\,5} = 7\,060 \text{（件）}$$

（2）求最大利润时的产量 Q_{max}：

由 $B = R - C$ 得：

$$B = -0.002\,5Q^2 + 27Q - 66\,000$$

令 $B'(Q) = 0$ 得：

$$-0.005Q + 27 = 0$$

有

$$Q_{max} = \frac{27}{0.005} = 5\,400 \text{（件）}$$

如果一个企业生产多种产品，可换算成单一产品，或选择其中一种不确定性最大的产品进行分析。

运用盈亏平衡分析，在方案选择时应优先选择平衡点较低者，盈亏平衡点越低意味着项目的抗风险能力越强，越能承受意外的风吹草动。

6.3 敏感性分析

敏感性分析是通过研究建设项目主要不确定因素发生变化时，项目经济效果指标发生的相应变化，找出项目的敏感因素，确定其敏感程度，并分析该因素达到临界值时项目的承受能力。

6.3.1 敏感性分析的目的和步骤

1. 敏感性分析的目的

（1）把握不确定性因素在什么范围内变化时方案的经济效果最好，在什么范围内变化效果最差，以便对不确定性因素实施控制。

（2）区分敏感性大的方案和敏感性小的方案，以便选出敏感性小的，即风险小的方案。

（3）找出敏感性强的因素，向决策者提出是否需要进一步搜集资料，进行研究，以提高经济分析的可靠性。

2. 敏感性分析的步骤

一般进行敏感性分析可按以下步骤进行：

（1）选定需要分析的不确定因素。这些因素主要有：产品产量（生产负荷产品售价）、原材料（燃料或动力等）、可变成本、固定资产投资、建设期贷款利率等。

（2）确定进行敏感性分析的经济评价指标。衡量建设项目经济效果的指标较多，敏感性分析一般只针对几个重要的指标进行分析，如净现值、内部收益率、投资回收期等。由于敏感性分析是在确定性经济评价的基础上进行的，故选为敏感性分析的指标应与经济评价所采用的指标一致。

（3）计算因不确定因素变动引起的评价指标的变动值。一般就所选定的不确定因素，设若干级变动幅度（通常用变化率表示）。然后计算与每级变动相应的经济价值指标值，建立一一对应的数量关系，用敏感性分析图或敏感性分析表的形式表示。

（4）计算敏感度系数并对敏感因素进行排序。所谓敏感性因素，是指该不确定因素的数值有较小的变动就能使项目经济评价指标出现较显著改变的因素。敏感度系数的计算公式为：

$$S_{AF} = \frac{\Delta A / A}{\Delta F / F} \tag{6-10}$$

式中　S_{AF}——评价指标 A 对于不确定因素 F 的敏感度系数；

　　　$\Delta F / F$——不确定性因素 F 的变化率（%）；

　　　$\Delta A / A$——不确定性因素 F 发生 ΔF 变化时，评价指标 A 的相应变化率（%）。

（5）计算变动因素的临界点。临界点是指项目允许不确定因素向不利方向变化的极限值。超过极限，项目的效益指标将不可行。例如当建设投资上升到某值时，内部收益率将刚好等于基准收益率，此点称为建设投资上升的临界点。临界点可用临界点百分比或者临界值分别表示，其含义是某一变量的变化达到一定的百分比或者一定数值时，项目的评价指标将从可行转变为不可行。临界点可用专业软件计算，也可由敏感性分析图直接求得近似值。

根据项目经济指标，如经济净现值或经济内部收益率等所做的敏感性分析叫经济敏感性分析；而根据项目财务目标所做的敏感性分析叫财务敏感性分析。

依据每次所考虑的变动因素的数目不同，敏感性分析又分单因素敏感性分析和多因素敏感性分析。

6.3.2　单因素敏感性分析

每次只考虑一个因素的变动，而假设其他因素保持不变时所进行的敏感性分析，叫作单因素敏感性分析。

【例 6-3】　设某项目基本方案的基本数据值见表 6-1，试对该项目进行敏感性分析（基准收益率 $i_c = 10\%$）。

表 6-1　基本方案的基本数据估算表　　　　　　　　　　　　单位：万元

敏感因素	期初投资	年营业收入	年经营成本	经济寿命
数值	1 000	600	400	10

【解】 以净现值作为经济评价的分析指标,则预期净现值为:

$$NPV = -1\,000 + (600 - 400)(P/A, 10\%, 10) = 228.91（万元）$$

下面用净现值指标分别就期初投资额、营业收入和经营成本等三个不确定性因素作敏感性分析。

设投资额变动的百分比为 x,投资额变动对方案净现值影响的计算公式为:

$$NPV = -1\,000 \times (1+x) + (600-400)(P/A, 10\%, 10)$$

设营业收入变动的百分比为 y,产品价格变动对方案净现值影响的计算公式为:

$$NPV = -1\,000 + (600 \times (1+y) - 400)(P/A, 10\%, 10)$$

设经营成本变动的百分比为 z,寿命期变动对方案净现值影响的计算公式为:

$$NPV = -1\,000 + (600 - 400 \times (1+z))(P/A, 10\%, 10)$$

对期初投资、营业收入、经营成本在基准方案的基础上逐一变化 ±10%、±20% 取值,所对应的方案净现值变化结果如单因素敏感性分析表(表 6-2)和单因素敏感性分析图(图 6-3)所示。

表 6-2 单因素敏感性分析表　　　　　　　　单位:万元

变化率	-20%	-10%	0%	10%	20%
期初投资	428.91	328.91	228.91	128.91	28.91
年营业收入	-508.43	-139.76	228.91	597.59	966.26
年经营成本	720.48	474.70	228.91	-16.87	-262.65

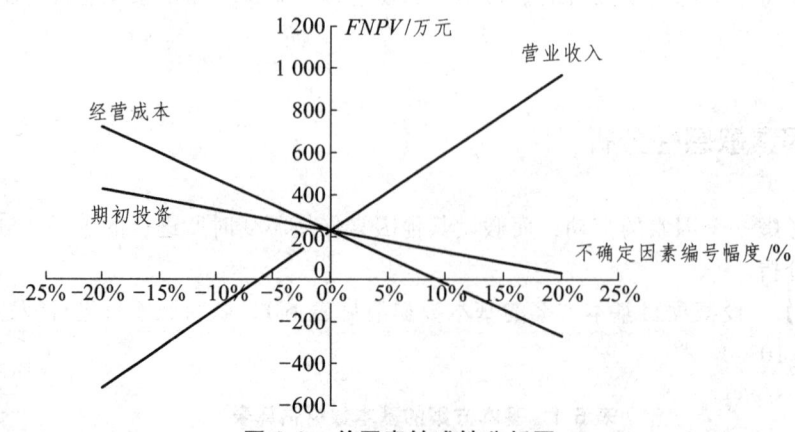

图 6-3 单因素敏感性分析图

可以看出,在同样的变动率下,营业收入的变动对方案净现值的影响最大,其次是经营成本的变动,期初投资额变动的影响最小。

根据上面的分析可知,对于本方案来说,营业收入是敏感因素,应对产品价格带来的营业收入进行更准确的测算。如果未来产品价格变化的可能性较大,则意味着这一方案的风险亦较大。

6.3.3 多因素敏感性分析

单因素敏感性分析方法适合于分析项目方案的最敏感因素,但它忽略了各个变动因素综合作用的可能性。无论是哪种类型的技术项目方案,各个不确定因素对项目方案经济效益的影响,都是相互交叉综合发生的,而且各个因素的变化率及其发生的概率都是随机的。因此,研究和分析经济评价指标受多个因素同时变化的综合影响,研究多因素的敏感性分析,更具有实用价值。

多因素敏感性分析要考虑可能发生的各个因素不同变动幅度的多种组合,计算起来要比单因素敏感性分析复杂得多,在这里就不做具体介绍了。

6.4 风险分析

6.4.1 风险概述

1. 风险的概念

风险,是相对于预期目标而言,经济主体遭受损失的不确定性。

理解风险的概念应该把握以下三要素:

(1)不确定性是风险存在的必要条件。风险和不确定性是两个不完全相同但又密切相关的概念。如果某种损失必定要发生或必定不会发生,人们可以提前计划或通过成本费用的方式予以明确,风险是不存在的。只有当人们对行为产生的未来结果无法事先准确预料时,风险才有可能存在。

(2)潜在损失是风险存在的充分条件。不确定性的存在并不一定意味着风险,因为风险是与潜在损失联系在一起的,即实际结果与目标发生的负偏离,包括没有达到预期目标的损失。例如,如果投资者的目标是基准收益率为15%,而实际的内部收益率在20%~30%,虽然具体数值无法确定,但最低的收益率都高于目标收益率,绝无风险而言。如果这项投资的内部收益率估计可能在12%~18%,则它是一个有风险的投资,因为实际收益率有小于目标水平15%的可能性。

(3)经济主体是风险成立的基础。风险成立的基础是存在承担责任行为后果的经济主体(个人或组织),即风险行为人必须是行为后果的实际承担人。如果有某位投资者对其投资后果不承担任何责任,或者只负盈不负亏,那么投资风险对他就没有任何意义,他也不可能花费精力进行风险管理。

2. 工程项目风险的主要来源

（1）市场风险，指由于市场价格的不确定性导致损失的可能性。具体讲，就是由于市场需求量、需求偏好以及市场竞争格局、政治经济等方面的变化导致市场价格有可能发生不利的变化而使工程项目经济效果或企业发展目标达不到预期的水平，比如营业收入、利润或市场占有率等低于期望水平。对于大多数工程项目，市场风险是最直接也是最主要的风险。

（2）技术风险，指高新技术的应用和技术进步使建设项目目标发生损失的可能性。在项目建设和运营阶段一般都涉及各种高新技术的应用，由于种种原因，实际的应用效果可能达不到原先预期的水平，从而也就可能使项目的目标无法实现，形成高新技术应用风险。此外，建设项目以外的技术进步会使项目的相对技术水平降低，从而影响项目的竞争力和经济效果。这就构成了技术进步风险。

（3）财产风险，指与项目建设有关的企业和个人所拥有、租赁或使用的财产，面临可能被破坏、被损毁以及被盗窃的风险。财产风险的来源包括火灾、闪电、洪水、地震、飓风、暴雨、偷窃、爆炸、暴乱、冲突等等。此外，与财产损失相关的可能损失还包括停产停业的损失、采取补救措施的费用和不能履行合同对他人造成的损失。

（4）责任风险，指承担法律责任后对受损一方进行补偿而使自己蒙受损失的可能性。随着法律的健全和执法力度的加强，工程建设过程中，个人和组织越来越多地通过诉诸法律补偿自己受到的损失。司法裁决可能对受害一方进行经济补偿，同时惩罚与责任有关的个人或组织。即使被告最终免除了责任，辩护一个案子的费用也是必不可少的。因此，经济主体必须谨慎识别那些可能对自己造成影响的责任风险。

（5）信用风险，这是指由于有关行为主体不能做到重合同、守信用而导致目标损失的可能性。在工程项目建设和生产运营过程中，合同行为作为市场经济运行的基本单元具有普遍性和经常性，如工程承发包合同、分包合同、设备材料采购合同、贷款合同、租赁合同、销售合同等等。这些合同规范了诸多合作方的行为，是使工程顺利进行的基础。但如果有行为主体钻合同空子损害了另一方当事人的利益或者单方面无故违反承诺，则毫无疑问，建设项目将受到损失，这就是信用风险。

6.4.2 风险分析的程序

风险分析是指认识项目可能存在的潜在风险因素，估计这些因素发生的可能性及由此造成的影响，分析为防止或减少不利影响而采取对策的一系列活动。

风险分析包括风险识别、风险估计、风险评价与对策研究四个基本阶段。

项目决策分析中的风险分析应遵循以下程序：

首先，从认识风险特征入手去识别风险因素，然后选择适当的方法估计风险发生的可能性及其影响；

其次，评价风险程度，包括单个风险因素风险程度估计和对项目整体风险程度估计；

最后，提出针对性的风险对策，将项目风险进行归纳，提出风险分析结论。

6.4.3 风险分析的内容

1. 风险识别

风险因素识别应注意借鉴历史经验，特别是后评价的经验。同时可运用"逆向思维"方法来审视项目，寻找可能导致项目"不可行"的因素，以充分揭示项目的风险来源。

风险识别要根据行业和项目的特点，采用分析和分解原则，把综合性的风险问题分解为多层次的风险因素。

风险识别常用的方法主要有风险分解法、流程图法、头脑风暴法和情景分析法等。具体操作中，大多通过专家调查的方式完成。

2. 风险估计

风险估计：估计风险发生的可能性及其对项目的影响。应采取定性描述与定量分析相结合的方法对风险做出全面估计。

注意：定性与定量不是绝对的，在深入研究和分解后，有些定性因素可以转化为定量因素。

风险估计的方法如图 6-4 所示。

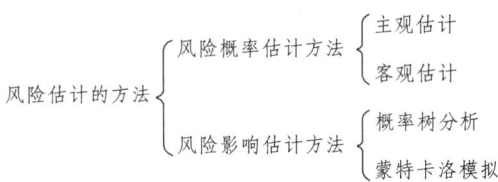

图 6-4 风险估计的方法

3. 风险评价

风险评价：在风险估计的基础上，通过相应的指标体系和评价标准，对风险程度进行划分，以揭示影响项目成败的关键风险因素。风险评价包括单因素风险评价和整体风险评价。

（1）单因素风险评价，即评价单个风险因素对项目的影响程度，以找出影响项目的关键风险因素。其评价方法主要有风险概率矩阵、专家评价法等。

（2）项目整体风险评价，即综合评价若干主要风险因素对项目整体的影响程度。对于重大投资项目或估计风险很大的项目，应进行投资项目整体风险分析。

4. 风险对策研究

风险对策研究的作用：

（1）在投资项目决策前的可行性研究中，不仅要了解项目可能面临的风险，且要提出针对性的风险对策，避免风险的发生或将风险损失减低到最小程度，才能有助于提高投资的安全性，促使项目获得成功。

（2）同时，可行性研究阶段的风险对策研究可为投资项目实施过程的风险监督与管理提供依据。

（3）另外，风险对策研究的结果应及时反馈到可行性研究的各个方面，并据此修改部分数据或调整方案，进行项目方案的再设计。

可行性研究阶段的风险对策研究是整个项目风险管理的重要组成部分，对策研究的基本要求包括：

（1）风险对策研究应贯穿于可行性研究的全过程。

（2）风险对策应具针对性。针对特定项目主要的或关键的风险因素提出必要的措施，将其影响降低到最低程度。

（3）风险对策应有可行性。所谓可行，不仅指技术上可行，且从财力、人力和物力方面也是可行的。

（4）风险对策必具经济性。在风险对策研究中应将规避防范风险措施所付出的代价与该风险可能造成的损失进行权衡，旨在寻求以最少的费用获取最大的风险效益。

（5）风险对策研究是项目有关各方的共同任务。风险对策研究不仅有助于避免决策失误而且是投资项目以后风险管理的基础，因此它应是投资项目有关各方的共同任务。

5. 风险分析结论

完成风险识别和评估后，应归纳和综述项目的主要风险，说明其原因、程度和可能造成的后果，以全面、清晰地展现项目的主要风险，同时将风险对策研究结果进行汇总。

6.4.4 风险分析的主要方法

1. 风险综合评价法

风险综合评价的方法中，最常用、最简单的分析方法是通过调查专家的意见，获得风险因素的权重和发生概率，进而获得项目的整体风险程度。其步骤主要包括：

（1）建立风险调查表。在风险识别完成后，建立投资项目主要风险清单，将该投资项目可能遇到的所有重要风险全部列入表中。

（2）判断风险权重。

（3）确定每个风险发生概率。可以采用1~5标度，分别表示可能性很小、较小、中等、较大、很大，代表5种程度。

（4）计算每个风险因素的等级。

（5）最后将风险调查表中全部风险因素的等级相加，得出整个项目的综合风险等级。

2. 蒙特卡洛模拟

1）使用条件

当在项目评价中输入的随机变量个数多于3个，每个输入变量可能出现3个以上以至无限多种状态时（如连续随机变量），就不能用理论计算法进行风险分析了，这时就必须采用蒙特卡洛模拟技术。

2）原　理

用随机抽样的方法抽取一组输入变量的数值，并根据这组输入变量的数值计算项目评价指标，抽样计算足够多的次数可获得评价指标的概率分布，并计算出累计概率分布、期望值、方差、标准差，计算项目由可行转变为不可行的概率，从而估计项目投资所承担的风险。

3）蒙特卡洛模拟的程序

（1）确定风险分析所采用的评价指标，如净现值、内部收益率等。

（2）确定对项目评价指标有重要影响的输入变量。

（3）经调查确定输入变量的概率分布。

（4）为各输入变量独立抽取随机数。

（5）由抽得的随机数转化为各输入变量的抽样值。

（6）根据抽得的各输入随机变量的抽样值组成一组项目评价基础数据。

（7）根据抽样值组成基础数据计算出评价指标值。

（8）重复第（4）步到第（7）步，直至预定模拟次数。

（9）整理模拟结果所得评价指标的期望值、方差、标准差和期望值的概率分布，绘制累计概率图。

（10）计算项目由可行转变为不可行的概率。

4）应用蒙特卡洛模拟法时应注意的问题

（1）在运用蒙特卡洛模拟法时，假设输入变量之间是相互独立的，在风险分析中会遇到输入变量的分解程度问题。

输入变量分解得越细，输入变量个数也就越多，模拟结果的可靠性也就越高。变量分解过细往往造成变量之间有相关性，就可能导致错误的结论。为避免此问题，可采用以下办法处理：

① 限制输入变量的分解程度。

② 限制不确定变量个数。模拟中只选取对评价指标有重大影响的关键变量，其他变量保持在期望值上。

③ 进一步搜集有关信息，确定变量之间的相关性，建立函数关系。

（2）蒙特卡洛法的模拟次数。

从理论上讲，模拟次数越多越正确，但实际上一般应以 200～500 次为宜。

3. 专家调查法

专家调查法是基于专家的知识、经验和直觉，发现项目潜在风险的分析方法。

适用范围：风险分析的全过程。

注意：采用专家调查法时，专家应有合理的规模，人数一般应在 10～20 位。专家的人数取决于项目的特点、规模、复杂程度和风险的性质，没有绝对规定。

专家调查法有很多，其中头脑风暴法、德尔菲法、风险识别调查表、风险对照检查表和风险评价表是最常用的几种方法。风险识别调查表的格式如表 6-3 所示。

表 6-3　风险识别调查表

编号：	时间：
项目名称	
风险类型	
风险描述	
风险对项目目标的影响	
风险的来源、特征	

1）风险识别调查表

风险识别调查表主要定性描述风险的来源与类型、风险特征、对项目目标的影响等。

2）风险对照检查表

风险对照检查表是一种规范化的定性风险分析工具，具有系统、全面、简单、快捷、高效等优点，容易集中专家的智慧和意见，不容易遗漏主要风险，对风险分析人员有启发思路、开拓思路的作用。

适用范围：

（1）当有丰富的经验和充分的专业技能时，项目风险识别相对简单，并可以取得良好的效果。

（2）对照检查表的设计和确定是建立在众多类似项目经验基础上的，需要大量类似项目的数据。而对于新的项目或完全不同环境下的项目，则难以适应。

需要针对项目的类型和特点，制定专门的风险对照检查表。

3）风险评价表

风险评价表是通过专家凭借经验独立对各类风险因素的风险程度进行评价，最后将各位专家的意见归集起来。风险评价表通常重在说明。

注意：说明中应对程度判定的理由进行描述，并尽可能明确最悲观值（或最悲观情况）及其发生的可能性。

4．风险概率估计

1）客观概率估计

客观概率：实际发生的概率，可以根据历史统计数据或是大量的试验来推定。确定客观概率有两种方法：

（1）将一个事件分解为若干子事件，通过计算子事件的概率来获得主要事件的概率。

（2）通过足够量的试验，统计出事件的概率。

客观概率估计是指应用客观概率对项目风险进行的估计，它利用同一事件，或是类似事件的数据资料，计算出客观概率。

客观概率估计法最大的缺点是需要足够的信息，但通常是不可得的。

注意：客观概率只能用于完全可重复事件，因而并不适用于大部分现实事件。

2）主观概率估计

主观概率：基于个人经验、预感或直觉而估算出来的概率，是一种个人的主观判断。

主观概率估计：基于经验、知识或类似事件比较的专家推断概率。

注意：当有效统计数据不足或是不可能进行试验时，主观概率是唯一选择。

主观概率专家估计的具体步骤：

（1）根据需要调查问题的性质组成专家组。专家组成员由熟悉该风险因素的现状和发展趋势的专家、有经验的工作人员组成。

（2）查某一变量可能出现的状态数或状态范围和各种状态出现的概率或变量发生在状态范围内的概率，由每个专家独立使用书面形式反映出来。

（3）整理专家组成员意见，计算专家意见的期望值和意见分歧情况，反馈给专家组。

（4）专家组讨论并分析意见分歧的原因。重新独立填写变量可能出现的状态或状态范围和各种状态出现的概率或变量发生在状态范围内的概率，如此重复进行，直至专家意见分歧程度满足要求值为止。这个过程最多经历三个循环，否则不利于获得专家们的真实意见。

3）风险概率分布

（1）离散型概率分布。输入变量可能值是有限个数。各种状态的概率取值之和等于1，它适用于变量取值个数不多的输入变量。

（2）连续型概率分布。输入变量的取值充满一个区间。

4）风险概率分析指标

描述风险概率分布的指标主要有期望值、方差、标准差、离散系数等。

（1）期望值。

期望值是风险变量的加权平均值。

（2）方差和标准差。

方差和标准差都是描述风险变量偏离期望值程度的绝对指标。

（3）离散系数。

离散系数是一组数据的标准差与其相应的均值之比，是测度数据离散程度的相对指标，其作用主要是比较不同组别数据的离散程度。

5．概率分析法

概率分析法首先涉及的就是随机变量。所谓随机变量，就是我们能够知道其可能的取值范围，也知道它取各种值的可能性，但却不能肯定它最后确切的取值的变量。比如有一个变量 X，我们知道它的取值范围是 $0\sim1.2$，也知道 X 取值 $0\sim1.2$，可能性分别是 0.3、0.5 和 0.2，但是究竟 X 取什么值却不知道，那么 X 就称为随机变量。从随机变量的概念上来理解，可以说在投资项目经济评价中所遇到的大多数变量因素，如投资、成本、销售量、产品价格、项目寿命期等，都是随机变量。

概率分析一般按下列步骤进行：

① 选定一个或几个评价指标。通常是将内部收益率、净现值等作为评价指标。

② 选定需要进行概率分析的不确定因素，通常有产品价格、销售量、主要原材料价格、投资额以及外汇汇率等。针对项目的不同情况，通过敏感性分析，选择最为敏感的因素作为概率分析的不确定性因素。

③ 预测不确定性因素变化的取值范围及概率分布。
④ 根据测定的风险因素取值和概率分布，计算评价指标的相应取值和概率分布。
⑤ 计算评价指标的期望值和项目可接受的概率。
⑥ 分析计算结果，判断其可接受性，研究减轻和控制不利影响的措施。

概率分析的方法有很多，这些方法大多以项目经济评价指标（主要是 NPV）的期望值的计算过程和计算结果为基础。这里仅介绍项目净现值的期望值和决策树法，计算项目净现值的期望值及净现值大于或等于零时的累计概率，以判断项目承担风险的能力。

1）净现值的期望值

期望值是用来描述随机变量的一个主要参数。

从理论上讲，要完整地描述一个随机变量，需要知道它的概率分布的类型和主要参数。但在实际应用中，这样做不仅非常困难，而且也没有太大的必要。因为在许多情况下，我们只需要随机变量的某些特征就可以了，在这些随机变量的主要特征中，最重要也是最常用的就是期望值。

期望值是大量重复事件中随机变量取值的平均值，换句话说，是随机变量所有可能取值的加权平均值，权重为各种可能取值出现的概率。

期望值的计算公式可表达为：

$$E(X) = \sum_{i=1}^{n} X_i \times P_i \tag{6-11}$$

式中 $E(X)$——随机变量 X 的期望值；
X_i——随机变量 X 的各种取值；
P_i——X 取 X_i 值时对应的概率值。

根据期望值的计算公式（6-11），可推导出项目净现值的期望值计算公式如下：

$$E(NPV) = \sum_{i=1}^{n} NPV_i \times P_i \tag{6-11}$$

式中 $E(NPV)$——随机变量 NPV 的期望值；
NPV_i——随机变量 NPV 的各种取值；
P_i——对应于各种现金流量情况的概率值。

【例 6-4】 已知某投资方案各种因素可能出现的数值及其对应的概率如表 6-4 所示。假设投资发生在期初，年净现金流量均发生在各年的年末。已知标准折现率为 10%，试求其净现值的期望值。

表 6-4 投资方案变量因素值及其概率

投资额（万元）		年净效益		寿命期（年）	
数值	概率	数值	概率	数值	概率
120	0.3	20	0.25	10	1.00
150	0.5	28	0.4		
175	0.2	33	0.35		

【解】 根据各因素的取值范围，共有 9 种不同的组合状态，根据净现值的计算公式，求出各种状态的净现值及其对应的概率如表 6-5 所示。

表 6-5 方案所有组合状态的概率及净现值

投资额（万元）	120			150			175		
年净效益（万元）	20	28	33	20	28	33	20	28	33
组合概率	0.075	0.120	0.105	0.125	0.200	0.175	0.050	0.80	0.070
净现值（万元）	2.89	52.05	82.77	-27.11	22.05	52.77	-52.11	-2.95	27.77

根据净现值的期望值计算公式，可求出：

$$E(NPV) = 2.89 \times 0.075 + 52.05 \times 0.120 + 82.77 \times 0.105 - 27.11 \times 0.125 + \\ 22.05 \times 0.200 + 52.77 \times 0.175 - 52.11 \times 0.050 - 2.95 \times 0.080 + 27.77 \times 0.070 \\ = 24.51 \text{（万元）}$$

投资方案净现值的期望值为 24.51 万元。

净现值的期望值在概率分析中是一个非常重要的指标，在对项目进行概率分析时，一般都要计算项目净现值的期望值及净现值大于或等于零时的累计概率。累计概率越大，表明项目承担的风险越小。

【例 6-5】 净现值大于或等于零的累计概率为：

$$E(NPV \geqslant 0) = 0.075 + 0.120 + 0.105 + 0.200 + 0.175 + 0.070 = 0.745$$

2）决策树法

决策树法是在已知各种情况发生概率的基础上，通过构成决策树来求取净现值的期望值大于等于零的概率，评价项目风险，判断其可行性的决策分析方法。它是直观运用概率分析的一种图解方法。决策树特别适用于多阶段决策分析。

决策树一般由决策点、机会点、方案枝、概率枝等组成（图 6-5），其绘制方法如下：

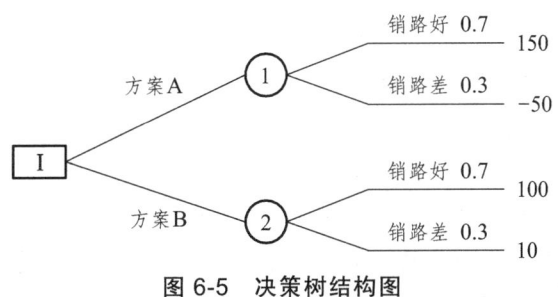

图 6-5 决策树结构图

首先确定决策点，决策点一般用"□"表示；然后从决策点引出若干条直线，代表各个备选方案，这些直线称为方案枝；方案枝后面连接一个"○"，称为机会点；从机会点画出的各条直线，称为概率枝，代表将来的不同状态，概率枝后面的数值代表不同方案在不同状态下可获得的收益值。为了便于计算，对决策树中的"□"（决策点）和"○"（机会点）均进行编号。编号的顺序是从左到右，从上到下。

画出决策树后，就可以很容易地计算出各个方案的期望值并进行比选。下面通过实例来说明如何运用决策树对方案进行比选。

【例 6-6】 某项目有两个备选方案 A 和 B，两个方案的寿命期均为 10 年，生产的产品也完全相同，但投资额及年净收益均不同。方案 A 的投资额为 500 万元，其年净效益在产品销路好时为 150 万元，销路差时为 –50 万元；方案 B 的投资额为 300 万元，其年净效益在产品销路好时为 100 万元，销路差时为 10 万元。根据市场预测，在项目寿命期内，产品销路好的可能性为 70%，销路差的可能性为 30%。已知标准折现率为 10%，试根据以上资料对方案进行比选。

【解】 首先，画出决策树。此题有一个决策点，两个备选方案，每个方案又面临着两种状态。由此画出其决策树，如图 6-5 所示。

然后，计算各个机会点净现值的期望值：

机会点①的期望值 = 150（P/A, 10%, 10）× 0.7 +（–50）（P/A, 10%, 10）× 0.3 – 500
= 33（万元）

机会点②的期望值 = 100（P/A, 10%, 10）× 0.7 + 10（P/A, 10%, 10）× 0.3 – 300
= 148.5（万元）

机会点②的期望值大于机会点①的期望值，因此应该优先选择方案 B。

本章小结

所谓工程项目的不确定性分析，就是考查建设投资、经营成本、产品售价、销售量、项目寿命等因素的变化，对项目经济评价指标所产生的影响。这种影响越强烈，表明所评价的项目方案对某个或某些因素越敏感。对于这些敏感因素，要求项目决策者和投资者予以充分的重视和考虑。工程项目不确定性分析的方法主要包括盈亏平衡分析和敏感性分析、风险分析。盈亏平衡分析只适用于财务评价，敏感性分析和风险分析可同时用于财务评价和国民经济评价。

盈亏平衡分析是在完全竞争或垄断竞争的市场条件下，研究工程项目特别是工业项目产品生产成本、产销量与盈利的平衡关系的方法。盈亏平衡分析就是要找出项目方案的盈亏平衡点。一般来说，对工程项目的生产能力而言，盈亏平衡点越低，项目盈利的可能性就越大，对不确定因素变化所带来的风险的承受能力就越强。

盈亏平衡分析的基本方法是建立成本与产量、营业收入与产量之间的函数关系，通过对这两个函数及其图形的分析，找出亏盈平衡点。

根据生产成本及销售收入与产量（或销售量）之间是否呈线性关系，盈亏平衡分析又可进一步分为线性盈亏平衡分析和非线性盈亏平衡分析。

敏感性分析是通过研究建设项目主要不确定因素发生变化时，项目经济效果指标发生的相应变化，找出项目的敏感因素，确定其敏感程度，并分析该因素达到临界值时项目的承受能力。依据每次所考虑的变动因素的数目不同，敏感性分析又分为单因素敏感性分析和多因素敏感性分析。

风险分析是指认识项目可能存在的潜在风险因素，估计这些因素发生的可能性及由此造成的影响，分析为防止或减少不利影响而采取对策的一系列活动。

风险分析的主要方法有：风险综合评价法、蒙特卡洛模拟法、专家调查法、风险概率估计法、概率树分析法、层次分析法。

复习思考题

1. 什么是盈亏平衡分析？盈亏平衡点有几种表现形式？
2. 单因素敏感性分析的步骤是什么？
3. 风险分析的方法有哪些？
4. 某项目设计生产能力为年产 50 万件产品，估计单价为 100 元，单位产品可变成本为 80 元，年固定成本为 300 万元，求平衡点产量 Q^*、平衡点生产能力利用率 R_{BEP}、平衡点价格 P^*。已知该产品销售税金及附加的合并税率为 5%。

（1）求平衡点产量；
（2）求平衡点生产能力利用率 R_{BEP}；
（3）求平衡点价格。

第 7 章　价值工程

教学目标：
- 掌握价值工程的相关概念
- 理解价值工程对象选择方法
- 理解功能分析及功能分类
- 理解功能评价的方法
- 了解价值系数法及其应用

价值工程是一门技术与经济相结合的学科，它既是一种管理技术，又是一种思想方法。本章主要介绍价值工程的相关概念、工作程序和价值工程原理的使用方法。

7.1　价值工程概述

价值工程是 20 世纪一门新兴的科学管理技术，是降低成本、提高经济效益的一种有效途径。它于 20 世纪 40 年代起源于美国。

价值工程发展历史上的第一件事情是美国通用电器（GE）公司的石棉事件，第二次世界大战期间，美国市场原材料供应十分紧张，GE 急需石棉板，但该产品的货源不稳定，价格昂贵。时任 GE 工程师的 Miles 开始针对这一问题研究材料代用问题，通过对公司使用石棉板的功能进行分析，发现其用途是铺设在给产品喷漆的车间地板上，以避免涂料沾污地板引起火灾。后来，Miles 在市场上找到一种防火纸，这种纸同样可以起到以上作用，并且成本低，容易买到，取得很好的经济效益。这是最早的价值工程应用案例。

通过这个改善，Miles 将其推广到企业其他的地方，对产品的功能、费用与价值进行深入的系统研究，提出了功能分析、功能定义、功能评价以及如何区分必要和不必要功能并消除后者的方法，最后形成了以最小成本提供必要功能，获得较大价值的科学方法。1947 年，Miles 以《价值分析程序》为题在《美国机械师》杂志发表了研究成果，标志着价值工程正式产生。

价值工程首先在美国得到广泛重视和推广。由于它是节约资源、提高效用、降低成本的有效方法，因而引起了世界各国的普遍重视，20 世纪 50 年代日本和联邦德国学习和引进了这一方法。1965 年前后，日本开始广泛应用。中国于 1979 年引进，现已在机械、电气、化工、纺织、建材、冶金、物资等多种行业中应用。

以后，价值工程在工程设计和施工、产品研究开发、工业生产、企业管理等方面取得了长足的发展，产生了巨大的经济效益和社会效益。世界各国先后引进和应用推广，开展培训、教学和研究。

7.1.1 价值工程的相关概念

1. 价值工程

价值工程（Value Engineering，VE），又称价值分析（Value Analysis，VA），是以最低的寿命周期成本，可靠地实现所研究对象的必要功能，从而提高对象价值的思想方法和管理技术。

价值工程的对象，是指凡为获取功能而发生费用的事物，如产品、工艺、工程、服务或它们的组成部分。

价值工程的这一定义中，涉及价值工程的三个概念，即价值、功能和寿命周期成本。

2. 价值（Value）

价值工程中的"价值"是指分析对象具有的功能与获取该功能和使用该功能的全部费用之比。

价值工程中的价值不同于经济学中的交换价值和使用价值。在经济学中，凝结在产品中的社会必要劳动时间越多，产品在市场上越是供不应求，其交换价值就越大；使用价值是对象能够满足某种需求的程度，即功能或效用，功能或效用越大，使用价值就越大。价值工程中的价值是一种比较价值或相对价值的概念，对象的效用或功能越大，成本越低，价值就越大。

在实际价值工程活动中，一般功能 F、成本 C 和价值 V 都用某种系数表示。

3. 功能（Function）

功能指分析对象能够满足某种需求的一种属性。

一种产品往往会有几种不同的功能，为了便于功能分析，需要对功能进行分类，但不论怎样分类，功能分析的目的都在于：确保必要功能，消除不必要的功能。

1）必要功能和不必要功能

必要功能是为了满足使用者的功能而必须具备的功能；不必要的功能是对象所具有的、与满足使用者的需求无关的功能。

2）不足功能和过剩功能

不足功能是对象尚未满足使用者需求的必要功能；过剩功能是对象所具有的、超过使用者需求的功能。不足功能和过剩功能具有相对性，同样一件产品对甲消费者而言，可能功能不足，而对乙消费者而言，功能却可能已过剩了。

3）基本功能和辅助功能

基本功能是与对象的主要目的直接有关的功能，是决定对象性质和存在的基本因素。辅助功能是为了更有效地实现基本功能而附加的功能。一般来说，基本功能是必要的功能，辅助功能有些是必要的功能，有些可能是多余的功能。例如传真机的基本功能是收发数据电文，辅助功能有复印等。收发数据电文是传真机的必要功能，复印功能对于没有复印机的用户来说是必要功能，但对已有专门复印机的用户来说就是不必要功能。

4. 使用功能和品位功能

使用功能是指对象所具有的与技术经济用途直接有关的功能；品位功能是指与使用者的精神感觉、主观意识有关的功能，如贵重功能、美学功能、外观功能、欣赏功能等。使用功能和品位功能产品往往兼而有之，但根据用途和消费者的要求不同而有所侧重。例如：地下电缆、地下管道、设备基础等主要是使用功能；工艺美术品、装饰品等主要是品位功能。

对一类产品而言，不同的消费者要求的功能是有差异的，为了使每件产品到达用户手中时，其功能都是满足消费者需求的必要功能，通常生产厂家需要针对不同的目标消费群体将产品开发成序列，达到增加销量的目的；对一类消费者而言，生产厂家应对市场进行细分，对目标消费群体进行定位，尽可能减少产品的功能过剩和功能不足，使特色产品得到消费者满意，达到占领目标市场的目的。

5. 寿命周期成本（Life Cycle Cost）

从对象被研究开发、设计制造、用户使用直到报废为止的整个时期，称为对象的寿命周期。对象的寿命周期一般可分为自然寿命和经济寿命。价值工程一般以经济寿命来计算和确定对象的寿命周期。

寿命周期成本是指从对象被研究开发、设计制造、销售使用直到停止使用的经济寿命期间所发生的各项成本费用之和。如图 7-1 所示，产品的寿命周期成本包括生产成本和使用成本两部分。生产成本是产品在已经开发、设计制造、运输施工、安装调试过程中发生的成本；使用成本是用户在使用产品过程中所发生的费用总和，包括产品的维护、保养、管理、能耗等方面的费用。

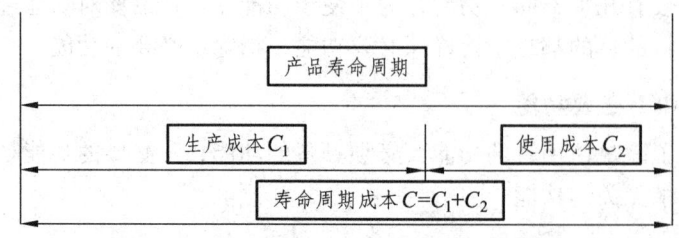

图 7-1 寿命周期与寿命周期成本关系图

寿命周期成本 = 生产成本 + 使用成本

即 $C = C_1 + C_2$

产品的寿命周期成本与产品的功能有关。一般而言，生产成本与产品的功能呈正比关系，使用成本与产品的功能成反比关系，如图 7-2 所示。

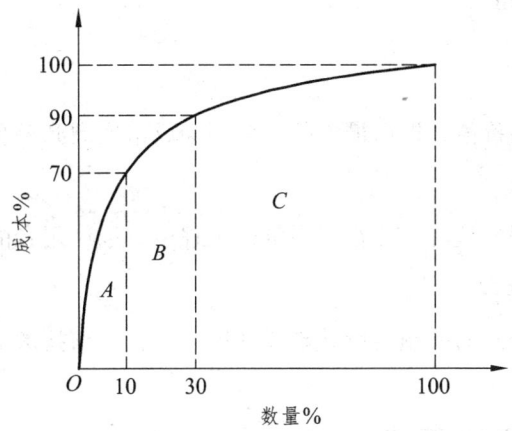

图 7-2 寿命周期成本与功能关系图

7.1.2 提高价值的途径

根据价值是对象功能与获得该功能所发生的费用之比的定义,可以得到:

$$V = \frac{F}{C} \tag{7-1}$$

式中:V 为价值;F 为功能;C 为成本。

价值取决于功能和成本两个因素,因此提高价值的途径可归纳如下:

(1)保持产品的必要功能不变,降低产品成本,以提高产品的价值,即 $\frac{F \rightarrow}{C \downarrow} = V \uparrow$。

(2)保持产品成本不变,提高产品的必要功能,以提高产品的价值,即 $\frac{F \uparrow}{C \rightarrow} = V \uparrow$。

(3)成本稍有增加,但必要功能增加的幅度更大,使产品价值提高,即 $\frac{F \uparrow \uparrow}{C \uparrow} = V \uparrow$。

(4)在不影响产品主要功能的前提下,适当降低一些次要功能,大幅度降低产品成本,提高产品价值,即 $\frac{F \downarrow}{C \downarrow \downarrow} = V \uparrow$。

(5)运用高新技术,进行产品创新,既提高必要功能,又降低成本,以大幅度提高价值,即 $\frac{F \uparrow}{C \downarrow} = V \uparrow$,这是产品价值的理想途径。

以上提高产品价值的途径是依据公式(7-1)从定性的角度进行分析的。在实际价值工程活动中,既不能片面地强调提高功能,也不能单纯地追求降低成本,而应综合考虑两方面因素。具体选择提高价值途径时,必须进行市场调查和功能分析,依据用户的要求,按照价值分析的重点,针对不同途径的适用特点和企业实际条件进行具体的选择。

7.1.3 价值工程的特征

1. 目标上的特征

价值工程着眼于提高价值，即以最低的寿命周期成本实现必要功能的创造性活动。

2. 方法上的特征

功能分析是价值工程的核心，即在开展价值工程中，以使用者的功能需求为出发点。

3. 活动领域上的特征

价值工程侧重于在产品的研制与设计阶段开展工作，寻求技术上的突破。

7.2 价值工程的工作程序

价值工程是一项复杂的系统工程，需要多专业专家在短时间内通过集体研究获得切实可行的创新方案，为保证研究效果必须遵循一定的工作原则和工作程序。

价值工程的一般工作程序如表 7-1 所示。由于价值工程的运用范围广泛，其活动形式也不尽相同，因此在实际运用中，可参照这个工作程序，根据对象的具体情况，运用价值的基本原理和思想方法，考虑具体的实施措施和方法步骤。但是对象选择、功能分析、功能评价和方案创新与评价是工作程序的关键内容，体现了价值工程的基本原理和思想，是不可缺少的。

表 7-1 价值工程的一般工作程序

阶段	程序	工作步骤		对应问题
		基本步骤	详细步骤	
准备阶段	成立研究小组，制订工作计划	确定目标	1. 工作对象选择 2. 信息搜集	1. 价值工程的对象是什么？
分析阶段	功能系统分析	功能分析	3. 功能定义 4. 功能整理	2. 对象的功能是什么？
		功能评价	5. 功能成本分析 6. 功能评价 7. 确定改进范围	3. 对象的成本是多少？ 4. 对象的价值是多少
创新阶段	初步设计（提出各种设计方案）	制订改进方案	8. 方案创造	5. 有其他方法实现这一功能吗？
	评价各设计方案，对方案进行改进、选优		9. 概率评价 10. 调整完善 11. 详细评价	6. 新方案的成本是多少？
	提案编写		12. 提出提案	7. 新方案的功能如何？
实施阶段	检查实施情况并评价活动成果	实施评价成果	13. 审批 14. 实施与检查 15. 成果鉴定	8. 价值工程的效果如何？

7.2.1 价值工程对象选择与信息资料的收集

1. 价值工程的对象选择

价值工程的对象选择是逐步缩小研究范围、寻找目标、确定主攻方向的过程。正确选择工作对象是价值工程成功的第一步，能起到事半功倍的效果。选择价值工程对象时一般应遵循以下两条原则：一是优先考虑企业生产经营上迫切要求改进的主要产品，或是对国计民生有重大影响的项目；二是对企业经济效益影响大的产品（或项目）。具体包括以下几个方面：

（1）设计方面：选择结构复杂、体大量重、技术性能差、能源消耗高、原材料消耗大或是稀有、贵重的奇缺产品。

（2）施工生产方面：选择产量大、工序烦琐、工艺复杂、工装落后、返修率高、废品率高、质量难于保证的产品。

（3）销售方面：选择用户意见大、退货索赔多、竞争力差、销售量下降或市场占有率低的产品。

（4）成本方面：选择成本高、利润低的产品或在成本构成中比重大的产品。

对象选择的方法很多，下面着重介绍三种方法，即经验分析法、ABC法和价值指数法。

1）经验分析法

经验分析法又称因素分析法，是根据有丰富实践经验的设计人员、施工人员以及企业的专业技术人员和管理人员对产品中存在问题的直接感受，经过主观判断确定价值工程对象的一种方法。

经验分析法是对象选择的定性分析方法，其优点是简单易行，考虑问题综合全面，是目前实践中采用较为普遍的方法；缺点是缺乏定量分析，在分析人员经验不足时准确程度降低，但用于初选阶段是可行的。

2）ABC分析法

ABC分类法是由意大利经济学家维尔弗雷多·帕累托首创的。1879年，帕累托在研究个人收入的分布状态时，发现少数人的收入占全部人收入的大部分，而多数人的收入却只占一小部分，他将这一关系用图表示出来，就是著名的帕累托图。该分析方法的核心思想是在决定一个事物的众多因素中分清主次，识别出少数的但对事物起决定作用的关键因素和多数的但对事物影响较少的次要因素。由于它把被分析的对象分成A、B、C三类，所以又称为ABC分析法。

ABC分析法是根据研究对象对某项目技术经济指标的影响程度和研究对象数量的比例大小两个因素，把所有研究对象划分成主次有别的A、B、C三类的方法。通过这种划分，明确关键的少数和一般的多数，准确选择价值工程对象。

研究对象类别划分的参考值见表7-2和图7-3所示。

表 7-2 A、B、C 类别划分参考值

类别	数量占总数百分比	成本占总成本百分比
A 类	10%左右	70%左右
B 类	20%左右	20%左右
C 类	70%左右	10%左右

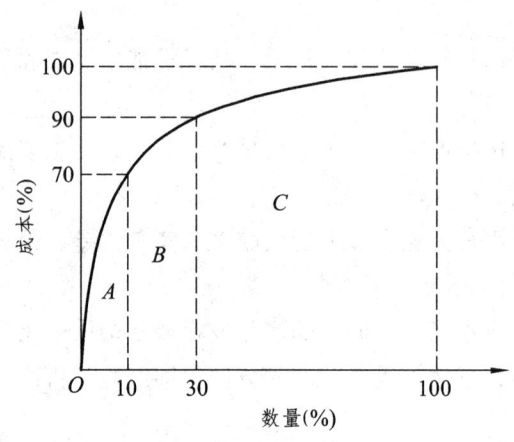

图 7-3 ABC 分析曲线图

在 ABC 分析法的分析图中,有两个纵坐标、一个横坐标、几个长方形、一条曲线,左边纵坐标表示频数,右边纵坐标表示频率,以百分数表示。横坐标表示影响质量的各项因素,按影响大小从左向右排列,曲线表示各种影响因素大小的累计百分数。一般地,将曲线的累计频率分为三级,与之相对应的因素分为三类:

A 类因素,发生累计频率为 0%~70%,是主要影响因素,为价值工程的研究对象。

B 类因素,发生累计频率为 70%~90%,是次要影响因素,进行一般分析。

C 类因素,发生累计频率为 90%~100%,是一般影响因素,可不做分析。

【例 7-1】 现以某住宅楼工程基础分项工程为例说明 ABC 分析法确定研究对象的过程,各分项工程的造价及基础部分的直接费用如表 7-3 所示。

表 7-3 某住宅楼基础分项工程 ABC 分析表

分项工程名称	单项工程成本（元）	累计分项工程数	累计分项工程百分比（%）	累计成本（元）	累计成本百分比（%）	分类
1. C20 带形钢筋混凝土基础	53 340	1	5.88%	53 340	34.99	A
2. 干铺土石屑垫层	30 110	2	11.76%	83 450	54.74	A
3. 回填土	15 755	3	17.65%	99 205	65.08	A
4. 商品混凝土运费	10 995	4	23.53%	110 200	72.29	B

续表

分项工程名称	单项工程成本（元）	累计分项工程数	累计分项工程百分比（%）	累计成本（元）	累计成本百分比（%）	分类
5. C10 混凝土基础垫层	10 900	5	29.41%	121 100	79.44	B
6. 排水费	10 400	6	35.29%	131 500	86.27	B
7. C20 独立式钢筋混凝土基础	6 180	7	41.18%	137 680	90.32	B
8. C10 带形无筋混凝土基础	5 500	8	47.06%	143 180	93.93	C
9. C20 矩形钢筋混凝土柱	3 090	9	52.94%	146 270	95.96	C
10. M5 砂浆砌砖基础	2 200	10	58.82%	148 470	97.40	C
11. 挖土机挖土	2 055	11	64.71%	150 525	98.75	C
12. 推土机场外运费	700	12	70.59%	151 225	99.21	C
13. 履带式挖土机场外运费	500	13	76.47%	151 725	99.53	C
14. 满堂脚手架	230	14	82.35%	151 955	99.69	C
15. 平整场地	220	15	88.24%	152 175	99.83	C
16. 槽底钎探	180	16	94.12%	152 355	99.95	C
17. 基础防潮层	80	17	100%	152 435	100%	C
总成本	152 435					

【解】 基础分项工程的 ABC 分类如表 7-3 所示，其中，C20 带形钢筋混凝土基础、干铺土石屑垫层、回填土三项工程为 A 类工程，应考虑作为价值工程分析的对象。

3）价值指数法

根据价值表达式 $V=\dfrac{F}{C}$，在产品成本已知的基础上，常用强制确定法分析得出功能重要程度，以价值指数偏离 1 较大的对象作为价值工程研究的重点（详见 7.2.3）。或者将产品功能定量化，就可以计算该价值，在运用该法选择价值对象时，应当综合考虑价值指数偏离和改善幅度，优先选择 $V<1$ 且改进幅度大的产品或零部件。

【例 7-2】 某机械制造厂生产四种型号的挖土机，各种型号挖土机的主要技术参数及相应的成本费用如表 7-4 所示。试运用价值指数法选择价值工程对象。

表 7-4 挖土机主要技术参数及相应成本

产品型号	甲	乙	丙	丁
技术参数（百立方米/台班）	1.60	1.55	1.65	1.30
成本费用（百元/台班）	1.50	1.45	1.50	1.40
价值指数	1.07	1.07	1.1	0.93

【解】 价值指数计算如表7-4所示。由表7-4可见，挖土机丁应作为价值工程对象。

价值指数法一般适用于产品功能单一、可计量，产品性能和生产特点可比的系列产品或零部件的价值工程对象选择。

2. 价值工程的情报资料收集

价值工程情报是指与价值工程有关的记录，有利用价值的报道、消息、见闻、图表、图像、知识等。收集价值工程情报资料时应满足五个方面的要求：

一是目的性，即收集的情报资料应满足价值工程活动的目的要求；

二是时间性，即收集的情报资料是近期的、较新的资料；

三是准确性，即所收集的情报资料必须是可靠的，能真实反映客观事物的实际；

四是完整性，即能保证全面、充分和完善地评价研究对象；

五是经济性，即尽量用最少的开支收集所需的情报资料。

情报资料的内容主要包括：用户要求方面的情报；销售方面的情报；成本方面的情报；科学技术方面的情报；生产与供应方面的情报及政策、法规、条例、规定等方面的情报。

7.2.2 功能分析与功能评价

1. 功能分析

功能分析是价值工程的核心内容，是对价值工程研究对象系统地分析其功能、科学地评价其重要性，通过功能与成本匹配关系定量计算对象价值大小、确定改进对象的过程。

功能分析是通过分析信息资料，用动词和名词的组合简明正确的表达各对象的功能，明确功能特性要求，并绘制功能系统图。通过功能分析，可以回答产品"用它干什么"的问题，从而准确掌握用户的功能要求。

进行功能分析，首先要对研究对象的功能进行分类。

1）功能分类

（1）按功能的重要程度分类。

① 基本功能。基本功能是产品得以独立存在的基础，是实现产品用途必不可少的功能，是用户购买该产品的目的。例如：矿灯的基本功能是发光照明，变速箱的基本功能是改变速度，钻床的功能是钻孔等。

② 辅助功能。辅助功能是实现基本功能的手段，是为了有效地实现基本功能而由产品设计者附加上去的功能，它相对基本功能来说是次要的。例如：手表的基本功能是计时精确，但采用什么手段实现这一基本功能呢？是机械摆动，还是石英振荡？是指针显示，还是液晶显示？是夜光显示，还是照明显示？正因为辅助功能是设计者附加上去的二次性能，所以，它是可以改变的。对一个系统设计方案来说，辅助功能是必不可少的。但是在不影响基本功能的前提下是可以改变的。由于辅助功能中常常包含不必要功能，而且辅助功能在产品成本

中占比重很大,有时竟高达 70%~80%,因此,价值工程的直接目标和工作重点往往是针对辅助功能而展开的,改善辅助功能和消除不必要的功能,可以大大降低成本。

(2)按功能性质分类。

① 使用功能。凡是从产品使用目的方面所提出的各项特性要求都属于这种功能。例如,人们所需要的把新鲜物品冷冻起来无害保存的功能,就是电冰箱的使用功能。

② 美观功能。它是指产品外观、形状、色彩、气味、手感和音响等方面的功能,即人们对美的享受功能。例如,人们对钢笔的需求,既要求它使用起来方便,又要求它外观漂亮。一般消费品都同时有外观功能和使用功能,而对于机器而言,基本上只看它的使用功能。至于装在机器内部的零部件,只要有使用功能,在外观美学上不过分要求。

(3)按用户要求分类。

① 必要功能。这是指产品符合使用者所要求的必须具备的作用或功能,即产品的使用价值。如果一台设备的功能低,就满足不了使用者的需要;如果过高,则超过了实际需要,即使用者在使用过程中有多余的功能根本用不上;如果一台设备各个零部件的自然寿命不是相等的,也自然会给使用者造成一定的浪费。

② 不必要功能。这是指使用者不需要的功能,即多余的功能。例如,在手表上装上指南针,对于一般人来讲,根本用不上,这就是不必要的功能。在产品中往往包含这种功能,原因一部分是设计者没有掌握功能的本质,或者是没有对准用户的要求,主观臆断附加上去的;另一部分则是设计不合理。

③ 过剩功能。这种功能是指超过使用者所需要的某种用途或特性值的功能。例如:在设计时,对公差的精度、材料的质量、安全系数等要求过高;或在生产过程中大材小用、优材劣用、整料零用等。

2)功能系统图

在功能定义与分类的基础上,把产品构成要素的功能按照一定的关系进行系统的整理与排列,绘制功能系统图。

功能系统图是表示对象功能得以实现的功能逻辑关系图。功能系统图中包括总功能、上位功能、下位功能、同位功能、末位功能,以及由上述功能组合的功能区域。

功能系统图中,两个功能直接相连时,如果一个功能是另一个功能的目的,表示另一个功能是这个功能的手段,则把作为目的的功能称为上位功能,作为手段的功能称为下位功能,上位功能和下位功能通常具有相对性。如图 7-4 中,F_1 相对 F_{11} 来说是上位功能,相对于 F_0 来说是下位功能。同位功能是指功能系统图中,与同一上位功能相连的若干下位功能,如图 7-4 中,F_{21} 与 F_{22} 就是同位功能。总功能是指功能系统图中,仅为上位功能的功能,如图 7-4 中的 F_0。末位功能指功能系统图中,仅为下位功能的功能,如图 7-4 中的 F_{111}、F_{211}、F_{221}、F_{222}、F_{223} 等。功能区域是功能系统图中,任何一个功能及其各级下位功能的组合。

建筑物的平屋顶功能系统图如图 7-4 所示。

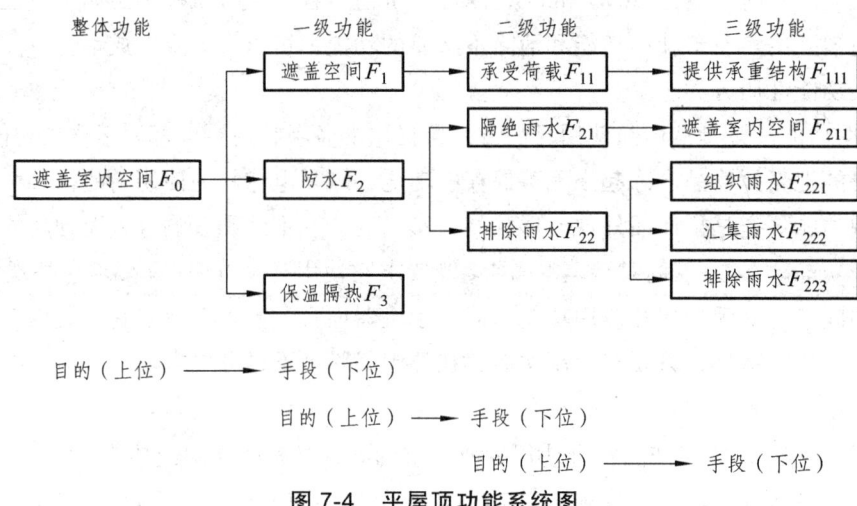

图 7-4 平屋顶功能系统图

2. 功能评价

功能评价就是对组成对象的零部件在功能中的重要程度进行定量估计。

功能评价的方法有:"01"评分法、直接评分法、"04"评分法、倍比法等。

1)"01"评分法(也称强制确定法—Forced Decision Method,FD 法)

这种方法的做法是请 5~15 个对产品熟悉的人员各自参加功能的评价。评价两个功能的重要性时,可以对完成该功能的相应零件进行比较,重要者得 1 分,不重要者得 0 分。"01"评分法得分总和为 $\frac{n(n-1)}{2}$,n 为对比的零件数量。例如某个产品有 5 个零件,总分应为 10 分,某一评价人员采用"01"评分法确定功能评价系数的过程见表 7-5。

表 7-5 "01"法功能评价系数表

零件名称	一对一比较结果					得分
	A	B	C	D	E	
A	*	1	0	1	1	3
B	0	*	0	1	1	2
C	1	1	*	0	1	3
D	0	0	1	*	0	1
E	0	0	0	1	*	1
合计						10

如果有 8 个评价人员参加评定,将 8 个人的功能评价系数进行汇总,可得到平均功能评价系数,见表 7-6。

表 7-6　平均功能评价系数计算表

零件功能	评价人员								平均功能评价系数
	1	2	3	4	5	6	7	8	
A	0.3	0.2	0.3	0.27	0.2	0.2	0.1	0.2	0.21
B	0.2	0.2	0.2	0.20	0.2	0.2	0.2	0.2	0.2
C	0.3	0.4	0.3	0.33	0.33	0.3	0.3	0.3	0.31
D	0.1	0.1	0.1	0.07	0.07	0.1	0.3	0.2	0.16
E	0.1	0.1	0.1	0.13	0.2	0.2	0.1	0.1	0.12
合计	1.0	1.0	1.0	1.0	1.0	1.0	1.0	1.0	1.0

2）直接评分法

直接评分法是请 5~15 个对对象熟悉的人员对对象各零件的功能直接打分，评价时规定总分标准，每个参评人员对对象各零件功能的评分之和必须等于总分。例如，对表 7-6 中的评价人员规定总分标准为 10 分，则功能评价系数计算如表 7-7 所示。

表 7-7　直接评分法功能评价系数计算表

零件功能	评价人员										各零件得分	平均功能评价系数
	1	2	3	4	5	6	7	8	9	10		
A	3	3	2	2	3	3	1	2	3	2	24	0.24
B	2	2	2	2	3	2	2	2	2	2	21	0.21
C	4	3	4	4	3	4	4	3	4	4	37	0.37
D	0	1	1	0	0	0	1	0	1	1	5	0.05
E	1	1	1	2	1	1	2	3	0	1	13	0.13
合计	10	10	10	10	10	10	10	10	10	10	100	1.0

3）"04"评分法

"04"评分法是对"01"评分法的改进，它更能反映功能之间的真实差别。采用"04"评分法对评价对象意义进行比较时，分为四种情况：

（1）非常重要的功能得 4 分，很不重要的功能得 0 分。

（2）比较重要的功能得 3 分，不太重要的功能得 1 分。

（3）两个功能重要程度相同时各得 2 分。

（4）自身对比不得分。

"04"评分法得分总和为 $2n(n-1)$，n 为对比的零件数量。例如某个产品有 5 个零件，总分应为 40 分，某一评价人员采用"04"评分法确定功能评价系数的过程见表 7-8。

表 7-8 "04"法功能评价系数表

零件名称	一对一比较结果					得分	功能评价系数
	A	B	C	D	E		
A	*	3	1	4	4	12	0.30
B	1	*	3	1	4	9	0.225
C	3	1	*	3	0	7	0.175
D	0	3	1	*	3	7	0.175
E	0	0	4	1	*	5	0.125
合计						40	1.0

4）倍比法

这种方法是利用评价对象之间的相关性进行比较来定出功能评价系数，具体步骤如下：

（1）根据各评价对象的功能重要性程度，按上高下低原则排序。

（2）从上至下按倍数比较相邻两个评价对象，如表 7-9，F_1 是 F_2 的两倍。

（3）令最后一个评价对象得分为 1，按上述各个对象之间的相对比值计算其他对象的得分。

（4）计算各评价对象的功能评价系数。

表 7-9 倍比法计算功能重要性系数表

评价对象	相对比值	得分	功能评价系数
F_1	$F_1/F_2 = 2$	9	0.51
F_2	$F_2/F_3 = 1.5$	4.5	0.26
F_3	$F_3/F_4 = 3$	3	0.17
F_4		1	0.06
合计		17.5	1.00

7.2.3 功能改进目标的确定

确定功能改进目标的方法有价值系数法和最合适区域法。

1. 价值系数法

当对产品的各功能进行评价之后，得出每一个零件的功能评价系数，同样对各功能的现实成本分析之后，可求得每一个零件的成本系数，进而可求得价值系数。

$$成本系数 = \frac{零件成本}{总成本} \tag{7-2}$$

$$价值系数 = \frac{功能评价系数}{成本系数} \tag{7-3}$$

根据以上公式,计算结果有以下几种情况:

(1) $V=1$,认为评价对象的功能比重与成本比重大致平衡,合理分配,可以认为功能的实现成本是比较合理的。

(2) $V<1$,此时评价对象的成本比重大于功能比重,表明相对于系统内的其他对象而言,目前所占的成本偏高,从而导致该对象的功能过剩,应将评价对象列为改进对象,改善方向主要是降低成本。

(3) $V>1$,此时评价对象的成本比重小于功能比重。出现这种结果的原因可能有以下 3 种:第一,由于现实成本偏低,不能满足评价对象实现其应有的功能要求,致使对象功能偏低,这种情况应列为改进对象,改善方向是增加成本;第二,对象目前具有的功能已经超过了其应该具有的水平,也即存在着功能过剩,这种情况也应列为改进对象,改善方向是降低功能水平;第三,对象在技术、经济等方面具有某些特征,在客观上存在着功能很重要而需要消耗的成本却很少,这种情况一般不应列为改进对象。

从以上分析可以看出,对产品部件进行价值分析,就是使每个部件的价值系数尽可能趋近于 1。换句话说,在选择价值工程对象的产品和零部件时,应当综合考虑价值系数偏离 1 的程度和改善幅度,优先选择价值系数远小于 1 且改进幅度大的产品或零部件。

【例 7-3】 某产品有 4 项功能,其功能评价系数已通过表 7-9 的倍比法确定,其现实成本如表 7-10 所示,试确定该产品的功能改进目标。

【解】 该产品的成本系数、价值系数、功能改善优先次序如表 7-10 所示。

表 7-10 价值系数计算表

功能	功能评价系数	现实成本	成本系数	价值系数	功能改善目标
①	②	③	④ = ③/1 130	⑤ = ②/④	⑥
F_1	0.51	560	0.496	1.03	
F_2	0.26	300	0.265	0.98	
F_3	0.17	160	0.142	1.2	
F_4	0.06	110	0.097	0.62	√
合计	1.00	1 130			

2. 最合适区域法

最合适区域法是日本东京大学田中教授于 1973 年在美国价值工程师学会举办的国际学术讨论会上提出的,所以又叫田中法。最合适区域法的原理与功能系数评价法是一致的,认为价值系数在 1 附近是合适的,可不作为改进对象。

以成本系数为横坐标,功能系数为纵坐标,见图 7-5,则与横轴成 45°的一条直线为理想价值线 ($V=1$)。围绕该线有一朝向远点由两条双曲线包围的喇叭形区域,叫作最合适区域。凡落在这个区域的价值系数点,其功能与成本是适应的,可不作为重点改善目标。$V>1$ 的点将落在喇叭形区域的左上方,$V<1$ 的点将落在喇叭形区域的右下方,均属于功能改善的目标。

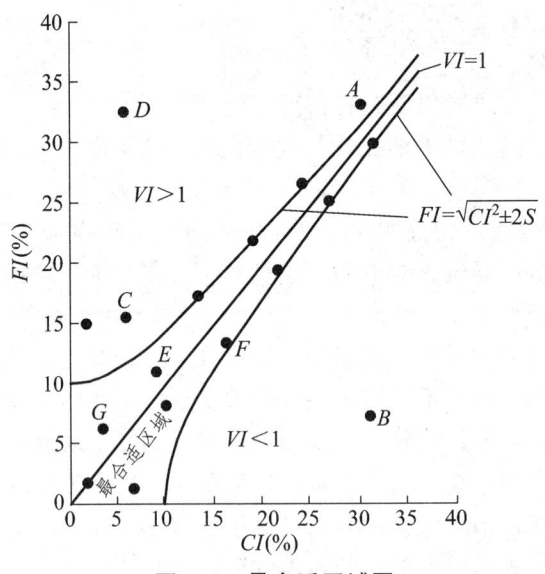

图 7-5　最合适区域图

最合适区域法在选择价值工程对象时，不仅仅考虑价值系数值大于 1 或小于 1 的情况，而且还要考察功能系数和成本系数绝对值的大小，从而对各对象加以区别对待。

在零部件价值系数相同的情况下，如果功能系数和成本系数的绝对值不同，那么它们对经济效果的影响也不同。所以不能简单地以价值系数来选择价值工程对象，还应考虑各对象的功能系数和成本系数，对两者较大的应作重点考虑，对两系数较小的对象可不作重点考虑或不考虑。

其基本思想是：对于那些功能重要性系数和实际成本系数较大的零件，由于它们改善功能或降低成本的潜力大，对全局的影响大，应当从严控制，不应偏离价值系数标准线（$VI=1$）太远，即当价值系数对 1 稍有偏离时，就应选作重点对象；而对于那些功能重要性系数和实际成本系数较小的零件，因其对全局影响小，功能改善或成本降低的潜力不大，可从宽控制，允许偏离 $VI=1$ 的价值系数标准线远一些。

7.2.4　方案创造与评价

1. 方案的创造

为了提高对象的功能和降低成本，达到有效利用资源的目的，需要寻求或构思最佳推荐方案，这一过程就是方案的创造过程。价值工程活动能否取得成功，关键是在正确的功能分析和评价的基础上能否提出可靠的实现必要功能的新方案。方案的创造通常可选下列方法：

1）头脑风暴法（Brain Storming Method，BS 法）

BS 是指自由奔放、打破常规、创造性地思考问题。我国的"诸葛亮会"与此类似。一般以 5~13 个人参与为宜，主持人要熟悉价值工程研究对象、善于引导，参加人员要有企业内外部的专业人员。

BS 法有四条规则：① 不互相指责；② 鼓励自由地提出想法；③ 欢迎提出大量方案；④ 欢迎完善别人提出的方案。

在会议上对表达的设想，不必追求全面系统，但记录工作一定要认真。

国外经验证明，采用头脑风暴法提出方案比同样的人单独提方案的效果要好 65%~93%。

2）哥顿法（Godon Method）

哥顿法是 1964 年美国人哥顿提出来的。在会议上，主持人仅把要解决的问题抽象介绍，使会议参加者并不明白会议的研究问题，以开拓思路。以有名的稻谷脱粒机案例为例，主持人首先提出如何使物体"分离"，与会者可以回答"切断""锯断""剪断""烧断"等方法，会议主持人再进一步提出如何使稻谷与稻草分离的问题，最后会议形成一种高效率圆筒式稻谷脱粒机的方案。

哥顿法的优点是将问题抽象化，有利于减少束缚、产生创造性想法，难点在于主持者如何引导。

3）德尔菲法

德尔菲法的工作方法是将要解决的问题，进行分解，选择一定数量的专业人士，将提案要求寄出去；提案人员将提出的设想方案寄回后，把各方面意见加以整理汇总，形成不同的改进方案，再次寄出去供提案人员分析；再次收到意见后选出少数方案后再寄出去。如此反复，最后形成最优方案。

德尔菲法的优点是成员之间互不见面，可以排除权威、资历、多数意见等心理因素影响，有利方案创造，缺点是时间较长。

方案创造的方法很多，总的原则是充分发挥有关人员的聪明智慧，集思广益，多提方案，从而为评价方案创造条件。

2. 方案的评价和选择

方案评价是在方案创造的基础上对新构思方案的技术、经济和社会效果等几方面进行评估，以便选择最佳方案。方案评价分为概略评价和详细评价两个阶段。

1）概略评价

概略评价是对已创造出来的方案从技术、经济和社会三个方面进行初步研究。其目的是从众多方案中进行粗略的筛选，减少详细评价的工作量，使精力集中于优秀方案的评价。

2）详细评价

方案的详细评价，就是对概略评价的多个比较抽象的方案进行调查和收集信息资料，使其在资料、结构、功能等方面进一步具体化，然后对它们做最后的审查和评价。

在详细评价阶段，对产品或服务的成本究竟是多少，能否可靠地实现必要的功能，都必须得到准确的解答。总之，要证明方案在技术和经济方面是可行的，而且价值必须得到真正的提高。

方案经过评价，淘汰了不能满足要求的方案后，就可从保留的方案中选择技术上先进、经济上合理和社会上有利的最优方案。方案评价和选优的方法可参照前述有关章节的内容进行。

7.3 价值工程应用示例

案例分析：某商住两用楼工程价值分析

1. 项目概况

某商住两用楼，高 28 m，框架结构，建筑面积 25 360 m²，一、二层为商场，三层以上为住宅，三层为结构转换层。

2. 选择价值工程活动对象

（1）收集资料。为了准确选择价值工程活动对象，收集有关技术、经济方面的信息资料，如工程招标文件、勘察设计文件、工程造价信息、相关的单位和部门资料等。

（2）确定价值工程活动对象。经有关专家商议，确定将原设计中的结构转换层纤维混凝土工程作为价值工程研究对象。

3. 功能分析

技术人员对结构转换层纤维混凝土工程的功能进行了系统分析，绘出了功能系统图，如图 7-6 所示。

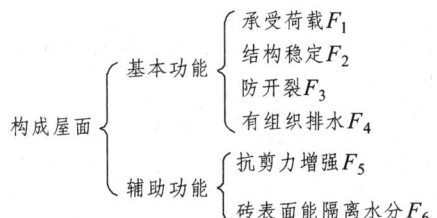

图 7-6 转换层混凝工程功能系统图

根据功能系统图，技术人员组织使用单位、设计单位、施工单位共同确定各种功能权重。使用单位、设计单位、施工单位评价的权重分别设定为 50%、40% 和 10%，各单位对功能权重的打分采用 10 分制，各功能权重见表 7-11。

表 7-11 结构转换层纤维混凝土工程功能重要程度系数

功能	使用单位评价 50%		设计单位评价 40%		施工单位评价 10%		功能权重
F_1	4.76	2.380	4.74	1.896	3.68	0.368	0.464
F_2	1.34	0.670	1.55	0.620	1.750	0.175	0.147
F_3	0.91	0.455	1.4	0.560	1.390	0.139	0.116
F_4	0.91	0.455	0.55	0.2	1.06	0.106	0.078
F_5	1.10	0.550	0.64	0.256	1.08	0.108	0.091
F_6	0.98	0.490	1.12	0.448	1.04	0.104	0.104
合计	10	5	10	4	10	1	1

根据商住楼工程整体对结构转换层纤维混凝土工程功能的要求,纤维混凝土材料考虑钢纤维、聚丙烯纤维和玄武岩纤维三个方案。据三种纤维的性能指标试验确定三个方案中纤维的添加量,见表7-12。

表7-12 各纤维样品性能指标

性能指标	抗压强度(MPa)	抗折强度(MPa)	抗劈拉强度(MPa)	抗剪强度(MPa)	韧性(N·m)
素混凝土	80	13.5	6.3	6.6	22
掺钢纤维 80 kg/m³	89	13.8	7.6	7.8	23
掺聚丙烯纤维 1.2 kg/m³	83	13.3	7.7	7.7	24
掺玄武岩纤维 20 kg/m³	88	14	7.7	7.8	23

据市场调研得到纤维的价格:钢纤维 5 000 元/t、聚丙烯纤维 15 000 元/t、玄武岩纤维 18 000 元/t。则每立方米纤维混凝土增加的费用为:钢纤维混凝土为 5 000÷1 000×80 = 400 元/m³,同理聚丙烯纤维混凝土为 18 元/m³,玄武岩纤维混凝土为 360 元/m³。各方案成本系数计算如表7-13所示。

表7-13 各方案成本系数计算表

方案	钢纤维混凝土	聚丙烯纤维混凝土	玄武岩纤维混凝土
单方造价(元/m³)	400	18.00	360
成本系数	400/(400+18+360) = 0.514	18/(400+18+360) = 0.023	360/(400+18+360) = 0.463

对三个方案采用10分制进行功能评价。各分值乘以功能权重得功能加分权,对功能加分权的和进行指数处理后可得各方案的功能系数。计算过程见表7-14。

表7-14 各方案功能系数计算表

功能	权重	钢纤维混凝土		聚丙烯纤维混凝土		玄武岩纤维混凝土	
		分值	加权分值	分值	加权分值	分值	加权分值
承受荷载 F_1	0.464	10	4.640	5	2.320	10	4.640
结构稳定 F_2	0.147	8	1.176	5	0.735	8	1.176
防开裂 F_3	0.116	5	0.580	10	1.160	10	1.160
有组织排水 F_4	0.078	10	0.780	10	0.780	10	0.780
抗剪力增强 F_5	0.091	10	0.910	5	0.455	8	0.728
表面隔离水分 F_6	0.104	5	0.520	8	0.832	9	0.936
合计	1	48	8.606	43	6.282	55	9.420
加权分值指数化		8.606/(8.606+6.282+9.42)		6.282/(8.606+6.282+9.42)		9.42/(8.606+6.282+9.42)	
功能系数		0.354		0.258		0.388	

根据各方案的功能系数和成本系数计算其价值系数,计算结果见表 7-15。

表 7-15 各方案价值系数计算表

方案	钢纤维混凝土	聚丙烯纤维混凝土	玄武岩纤维混凝土
功能系数	0.354	0.258	0.388
成本系数	0.514	0.023	0.463
价值系数	0.689	11.22	0.836
最优方案		*	

本章小结

价值工程是以最低的寿命周期成本,可靠地实现所研究对象的必要功能,从而提高对象价值的思想方法和管理技术。

价值工程的对象,是指凡为获取功能而发生费用的事物,如产品、工艺、工程、服务或它们的组成部分。价值工程这一定义中,涉及价值工程的三个概念,即价值、功能和寿命周期成本。

价值工程中的"价值"是指分析对象具有的功能与获取该功能和使用该功能的全部费用之比。功能指分析对象能够满足某种需求的一种属性。寿命周期成本是指从对象被研究开发、设计制造、销售使用直到停止使用的经济寿命期间所发生的各项成本费用之和。

根据价值是对象功能与获得该功能所发生的费用之比的定义,可以得到:

$$V = \frac{F}{C}$$

公式中:V 为价值;F 为功能;C 为成本。实际工作中可围绕该表达式的含义采取措施提高产品的价值。

功能分析是价值工程的核心内容,是对价值工程研究对象系统地分析其功能,科学地评价其重要性,通过功能与成本匹配关系定量计算对象价值大小,确定改进对象的过程。功能评价就是对组成对象的零部件在功能中的重要程度进行定量估计。功能评价的方法有:"01"评分法、直接评分法、"04"评分法、倍比法等。

当对产品的各功能进行评价之后,得出每一个零件的功能评价系数,同样对各功能的现实成本分析之后,可求得每一个零件的成本系数,进而可求得价值系数。$V<1$ 属于功能改善的目标。

复习思考题

1. 什么是价值工程?价值工程中价值的含义是什么?提高价值有哪些途径?
2. 价值工程的工作程序是什么?
3. 什么是功能?功能如何分类?什么是寿命周期成本?
4. ABC 分析法的基本思路是什么?

第8章 建设工程项目经济分析与评价案例

8.1 建设项目财务评价案例

8.1.1 项目概况

（1）某拟建项目固定资产投资估算总额为 3 600 万元，预计形成无形资产 540 万元，其他全部形成固定资产。固定资产使用 10 年，残值率 5%，固定资产余值在项目运营期末收回。该项目建设期 2 年，运营期 6 年。无形资产在运营期 6 年中，均匀摊入成本。

（2）项目的资金投入、收益、成本等基础数据，见表 8-1。

表 8-1 建设项目资金投入、收益及成本　　　　　单位：万元

序号	项目	1	2	3	4	5~8
1	建设投资 其中：资本金 　　　借款	1 200	400 2 000			
2	流动资金 其中：资本金 　　　借款			300 100	400	
3	年销售量（万件）			80	100	100
4	年经营成本 可抵扣进项税			1 960 220	2 400 275	2 400 275

（3）建设投资借款在运营期前 4 年等额还本付息，借款利率为 6%（按年计息）。流动资金为 800 万元，借款利率为 4%（按年计息），在项目运营期末全部收回。

（4）设计生产能力为年产量 100 万件某产品，产品售价为 38 元/件，运营期第 2 年末需花费 20 万元更新设备配件，才能维持以后的正常运营需要，增值税率为 17%，增值税附加税率为 10%。

（5）行业基准收益率为 8%。行业平均总投资收益率为 10%，资本金净利润率为 15%。

（6）应付投资者各方股利按约定计取：运营期头两年按可供投资者分配利润 10% 计取，以后各年均按 30% 计取，亏损年份不计取。期初未分配利润作为企业继续投资或扩大生产的资金积累。本项目不考虑计提任意盈余公积金。

（7）假定建设投资中无可抵扣固定资产进项税额，不考虑增值税对固定资产投资、建设期利息计算、建设期现金流量的可能影响。

8.1.2 财务评价

1. 利息的估算

建设期贷款利息 $= \frac{1}{2} \times 2\,000 \times 6\% = 60$（万元）

建设投资借款在运营期前 4 年等额还本付息额 $=(2\,000+60)(A/P,6\%,4)=594.5$（万元）借款还本付息情况见表 8-2。

表 8-2 借款还本付息计划表   单位：万元

序号	项目	计算期							
		1	2	3	4	5	6	7	8
1	借款1（长期借款）								
1.1	期初借款余额			2 060	1 589.1	1 089.95	560.85		
1.2	当期借款			0	0	0	0		
1.3	当期还本付息			594.5	594.5	594.5	594.5		
	其中：还本			470.9	499.15	529.1	560.85		
	付息（6%）			123.6	95.35	65.4	33.65		
1.4	期末借款余额		2 060	1 589.1	1 089.95	560.85	0		
2	借款2（流动资金）								
2.1	期初借款余额			0	100	500	500	500	500
2.2	当期借款			100	400	0	0	0	0
2.3	当期还本付息			4	20	20	20	20	520
	其中：还本			0	0	0	0	0	500
	付息（4%）			4	20	20	20	20	20
2.4	期末借款余额			100	500	500	500	500	0
3	借款合计								
3.1	期初余额			2 060	1 689.1	1 589.95	1 060.85	500	500
3.2	当期借款			100	400	0	0	0	0
3.3	当期还本付息			598.5	614.5	614.5	614.5	20	520
	其中：还本			470.9	499.15	529.1	560.85	0	500
	付息			127.6	115.35	85.4	53.65	20	20
3.4	期末余额		2 060	1 689.1	1 589.95	1 060.85	500	500	0

2. 营业收入、增值税附加的估算

营业收入、增值税附加的估算见表8-3。

表 8-3　营业收入与增值税附加估算表　　　　　　　　　　单位：万元

序号	项目	合计	3	4	5	6	7	8
1	营业收入（不含销项税）	22 040	3 040	3 800	3 800	3 800	3 800	3 800
2	销项税额	3746.8	516.8	646	646	646	646	646
3	进项税额	1595	220	275	275	275	275	275
4	增值税应纳税额	2151.8	296.8	371	371	371	371	371
5	增值税附加税	215.18	29.68	37.1	37.1	37.1	37.1	37.1

3. 总成本费用的估算

融资前分析：固定资产折旧 $= \dfrac{(3\ 600 - 540) \times (1 - 5\%)}{10} = 290.7$（万元）

运营期末回收固定资产余值 $= (3\ 600 - 540) - 290.7 \times 6 = 1\ 315.8$（万元）

无形资产摊销 $= 540/6 = 90$（万元）

融资后分析：固定资产折旧 $= \dfrac{(3\ 600 - 540 + 60) \times (1 - 5\%)}{10} = 296.4$（万元）

运营期末回收固定资产余值 $= (3\ 600 - 540 + 60) - 296.4 \times 6 = 1341.6$（万元）

总成本费用估算见表8-4。

表 8-4　总成本费用估算表　　　　　　　　　　单位：万元

序号	项目	3	4	5	6	7	8
1	经营成本	1 960	2 400	2 400	2 400	2 400	2 400
2	折旧费（融资前）	290.7	290.7	290.7	290.7	290.7	290.7
	折旧费（融资后）	296.4	296.4	296.4	296.4	296.4	296.4
3	摊销费	90	90	90	90	90	90
4	利息	127.6	115.35	85.4	53.65	20	20
5	总成本费用（融资前）	2 468.3	2 896.05	2 866.1	2 834.35	2 800.7	2 800.7
	总成本费用（融资后）	2 474	2 901.75	2 871.8	2 840.05	2 806.4	2 806.4
	其中可抵扣进项税	220	275	275	275	275	275

4. 融资前财务评价

息税前利润 = 营业收入（不含销项税额） − 经营成本（不含进项税额） − 折旧费 − 摊销费 − 维持运营投资（计入总成本的） − 增值税附加 + 补贴收入

第 3 年息税前利润 $= 3\ 040 - 1\ 740 - 290.7 - 90 - 29.68 = 889.62$（万元）

第 4 年息税前利润 $= 3\ 800 - 2\ 125 - 290.7 - 90 - 20 - 37.1 = 1\ 237.2$（万元）

第 5～8 年息税前利润 = 3 800 - 2 125 - 290.7 - 90 - 37.1 = 1 257.2（万元）

调整所得税 = 息税前利润 × 所得税税率

第 3 年调整所得税 = 889.62 × 25% = 222.41（万元）

第 4 年调整所得税 = 1 237.2 × 25% = 309.3（万元）

第 5～8 年调整所得税 = 1 257.2 × 25% = 314.3（万元）

项目全部投资现金流量表见表 8-5。

表 8-5　项目全部投资现金流量表　　　　　单位：万元

序号	项目	计算期							
		1	2	3	4	5	6	7	8
1	现金流入量			3 040	3 800	3 800	3 800	3 800	5 915.8
1.1	营业收入			3 040	3 800	3 800	3 800	3 800	3 800
1.2	补贴收入			0	0	0	0	0	0
1.3	回收固定资产余值			0	0	0	0	0	1 315.8
1.4	回收流动资金			0	0	0	0	0	800
2	现金流出量	1 200	2 340	2 542.4	3 048	2 628	2 628	2 628	2 628
2.1	建设投资	1 200	2 340						
2.2	流动资金投资			400	400				
2.3	经营成本			1 960	2 400	2 400	2 400	2 400	2 400
2.4	营业税金及附加			182.4	228	228	228	228	228
2.5	维持运营投资			0	20	0	0	0	0
3	所得税前净现金流量（1-2）	-1 200	-2 340	497.6	752	1 172	1 172	1 172	3 287.8
4	累计所得税前净现金流量	-1 200	-3 540	-3 042.4	-2 290.4	-1 118.4	53.6	1 225.6	4 513.4
5	基准折现率(8%)	0.925 9	0.857 3	0.793 8	0.735	0.680 6	0.630 2	0.583 5	0.540 3
6	折现后税前净现金流量	-1 111.08	-2 006.08	395	552.72	797.66	738.59	683.86	1 776.4
7	折现后累计税前净现金流量	-1 111.08	-3 117.16	-2 722.16	-2 169.44	-1 371.78	-633.19	50.67	1 827.07
8	调整所得税 25%			129.23	197.83	197.83	197.83	197.83	197.83
9	所得税后净现金流量（3-8）	-1 200	-2 340	368.37	554.17	974.17	974.17	974.17	3 089.97
10	累计所得税后净现金流量	-1 200	-3 540	-3 171.63	-2 617.46	-1 643.29	-669.12	305.05	3 395.02
11	折现税后净现金流量	-1 111.08	-2 006.08	292.41	407.32	663.02	613.92	568.43	1 669.51
12	折现税后累计净现金流量	-1 111.08	-3 117.16	-2 824.75	-2 417.43	-1 754.41	-1 140.49	-572.06	1 097.45

税前净现值 = 1 827.07（万元）
税后净现值 = 1 097.45（万元）
静态投资回收期（税前） = 6 – 1 + |– 1 118.4|÷1 172 = 5.95（年）
静态投资回收期（税后） = 7 – 1 + |– 669.12|÷974.17 = 6.69（年）
税前内部收益率通过试算法得到：
i_1 = 18%时，$FNPV$ = 181.97（万元）
i_2 = 20%时，$FNPV$ = – 18.83（万元）
利用插值法计算内部收益率（税前）得：

$$FIRR = 18\% + （20\% – 18\%）\times \frac{181.97}{181.97 + |-18.83|} = 19.81\%$$

税后内部收益率通过试算法得到：
i_1 = 15%时，$FNPV$ = 28.08（万元）
i_2 = 18%时，$FNPV$ = – 273.19（万元）
利用插值法计算内部收益率（税后）得：

$$FIRR = 15\% + （18\% – 15\%）\times \frac{28.08}{28.08 + |-273.19|} = 15.28\%$$

计算可知，税前（税后）财务净现值均大于 0，税前（税后）财务内部收益率均大于行业基准收益率，税前（税后）静态投资回收期均小于项目寿命期 8 年，说明项目的盈利水平高于行业平均水平，所以项目可行。

5．融资后财务评价

用于还本未分配利润 = 当年还本额 – 折旧 – 摊销
当年期初未分配利润 = 上年未分配利润 – 上年用于还款未分配利润
利润与利润分配表见表 8-6，资本金现金流量表见表 8-7。

表 8-6　利润与利润分配表　　　　　　　　单位：万元

序号	项目	计算期							
		1	2	3	4	5	6	7	8
1	营业收入（不含税）			3 040	3 800	3 800	3 800	3 800	3 800
2	增值税附加			29.68	37.1	37.1	37.1	37.1	37.1
3	总成本费用（不含税）			2 254	2 626.75	2 596.8	2 565.05	2 531.4	2 531.4
4	补贴收入			0	0	0	0	0	0
5	利润总额 = 1 – 2 – 3 + 4			756.32	1 136.15	1 166.1	1 197.85	1 231.5	1 231.5
6	弥补以前年度亏损			0	0	0	0	0	0
7	应纳税所得额 = 5 – 6			756.32	1 136.15	1 166.1	1 197.85	1 231.5	1 231.5
8	所得税 = 7×25%			189.08	284.04	291.53	299.46	307.88	307.88

续表

序号	项 目	计算期						
		1	2	3	4	5	6	7	8
9	净利润=5-8			567.24	852.11	874.57	898.39	923.62	923.62
10	期初未分配利润			0	146.29	423.84	661.89	863.68	1 245.87
11	可供分配的利润=9+10			567.24	653.25	953.26	1 215.13	1 442.15	1 824.34
12	提取的盈余公积			56.72	85.21	87.46	89.84	92.36	92.36
13	可供投资者分配的利润=11-12			510.52	568.04	865.8	1 125.29	1 349.79	1 731.98
14	各投资方利润分配			51.05	56.80	259.74	337.59	404.94	519.59
15	未分配利润=13-14			459.47	511.24	606.06	787.70	944.85	1 212.38
15.1	用于还款的利润			84.5	112.75	142.7	174.45	0	0
15.2	剩余利润			374.97	398.49	463.36	613.25	944.85	1 212.38
16	息税前利润=利润总额+利息支出			883.92	1 251.5	1 251.5	1 251.5	1 251.5	1 251.5
17	息税折旧摊销前利润=息税前利润+折旧+摊销			1 270.32	1 637.9	1 637.9	1 637.9	1 637.9	1 637.9

表 8-7 项目资本金现金流量表　　　　　单位：万元

序号	项目	计算期						
		1	2	3	4	5	6	7	8
1	现金流入量			3 556.8	4 446	4 446	4 446	4 446	6 587.6
1.1	营业收入（不含税）			3 040	3 800	3 800	3 800	3 800	3 800
1.2	销项税额			516.8	646	646	646	646	646
1.3	补贴收入			0	0	0	0	0	0
1.4	回收固定资产余值			0	0	0	0	0	1 341.6
1.5	回收流动资金			0	0	0	0	0	800
2	现金流出量	1 200	400	3 374.06	3 726.64	3 714.13	3 722.06	3 135.98	3 635.98
2.1	项目资本金	1 200	400						
2.2	借款本金偿还			470.9	499.15	529.1	560.85	0	500
2.3	借款利息支付			127.6	115.35	85.4	53.65	20	20
2.4	流动资金投资			300					
2.5	经营成本（不含税）			1 740	2 125	2 125	2 125	2 125	2 125
2.6	进项税			220	275	275	275	275	275
2.7	应纳增值税额			296.8	371	371	371	371	371

续表

序号	项目	计算期							
		1	2	3	4	5	6	7	8
2.8	增值税附加			29.68	37.1	37.1	37.1	37.1	37.1
2.9	维持运营投资			0	20	0	0	0	0
2.10	所得税			189.08	284.04	291.53	299.46	307.88	307.88
3	净现金流量(1-2)	-1 200	-400	182.74	719.36	731.87	723.94	1 310.02	2 951.62
4	累计税后净现金流量	-1 200	-1 600	-1 417.26	-697.9	33.97	757.91	2 067.93	5 019.55
5	基准收益率	0.925 9	0.857 3	0.793 8	0.735	0.680 6	0.630 2	0.583 5	0.540 3
6	折现后净现金流量	-1 111.08	-342.92	145.06	528.73	498.11	456.23	764.40	1 594.76
7	累计折现净现金流量	-1 111.08	-1 454.00	-1 308.94	-780.21	-282.10	174.13	938.52	2 533.28

资本金内部收益率通过试算法得到，$i_1 = 15\%$时，$FNPV = 1\ 640.89$（万元），$i_2 = 20\%$时，$FNPV = -1\ 239.74$，利用插值法计算资本家内部收益率得：

$$FIRR = 15\% + (20\% - 15\%) \times \frac{1\ 640.89}{1\ 640.89 + |-1\ 239.74|} = 17.85\%$$

$$\text{总投资收益率} = \text{正常年份的息税前利润} \div \text{总投资}$$
$$= 1\ 251.5 \div (3\ 600 + 800) \times 100\% = 28.44\%$$

$$\text{资本金利润率} = (567.24 + 852.11 + 874.57 + 898.39 + 923.62 + 923.62) \div$$
$$6 \div (1\ 540 + 300) \times 100\% = 44.21\%$$

因为项目投资收益率为 28.44% > 行业平均值 10%，项目资本金净利润率为 44.21% > 行业平均值 15%，项目资本金财务净现值 $FVPF = 2\ 533.28$ 万元 > 0，资本金内部收益率大于行业基准收益率。所以，表明项目的盈利能力大于行业平均水平，该项目可行。

项目偿债指标计算见表 8-8。

表 8-8 偿债指标计算表　　　　　　　　　　单位：万元

序号	项　目	计算期							
		1	2	3	4	5	6	7	8
1	应付利息			127.6	115.35	85.4	53.65	20	20
2	还本付息额			598.5	614.5	614.5	614.5	20	520
3	所得税			189.08	284.04	291.53	299.46	307.88	307.88
4	息税前利润			883.92	1 251.5	1 251.5	1 251.5	1 251.5	1 251.5
5	息税折旧摊销前利润			1 270.32	1 637.9	1 637.9	1 637.9	1 637.9	1 637.9
6	利息备付率 = 4/1			6.93	10.85	14.65	23.33	62.58	62.58
7	偿债备付率 = $\frac{5-3}{2}$			1.81	2.20	2.19	2.18	66.50	2.56

由于项目概况中没有涉及流动资产和流动负债的数据，故无法编制资产负债表。

该项目的利息备付率、偿债备付率均大于 1，说明项目偿还债务本金和利息的保障程度高，偿债风险小。

表 8-9 财务计划现金流量表　　　　　　　　　　单位：万元

序号	项目	计算期							
		1	2	3	4	5	6	7	8
1	经营活动净现金流量（1.1-1.2）			861.24	1 078.86	1 071.37	1 063.44	1 055.02	1 055.02
1.1	现金流入			3 556.8	4 446	4 446	4 446	4 446	4 446
1.1.1	营业收入			3 040	3 800	3 800	3 800	3 800	3 800
1.1.2	增值税销项税额			516.8	646	646	646	646	646
1.1.3	补贴收入			0	0	0	0	0	0
1.2	现金流出			2 695.56	3 367.14	3 374.63	3 382.56	3 390.98	3 390.98
1.2.1	经营成本			1 960	2 400	2 400	2 400	2 400	2 400
1.2.2	增值税进项税额			220	275	275	275	275	275
1.2.3	增值税			296.8	371	371	371	371	371
1.2.4	增值税附加			29.68	37.1	37.1	37.1	37.1	37.1
1.2.5	所得税			189.08	284.04	291.53	299.46	307.88	307.88
2	投资活动净现金流量（2.1-2.2）	-1 200	-2 400	-400	-420	0	0	0	0
2.1	现金流入								
2.2	现金流出	1 200	2 400	400	420	0	0	0	0
2.2.1	建设投资	1 200	2 400						
2.2.2	维持运营投资			0	20	0	0	0	0
2.2.3	流动资金			400	400				
3	筹资活动净现金流量（3.1-3.2）	1 200	2 400	-249.55	-271.3	-874.24	-952.09	-424.94	-1 039.59
3.1	现金流入	1 200	2 400	400	400				
3.1.1	项目资本金投入	1 200	400	300					
3.1.2	建设投资借款		2 000						
3.1.3	流动资金借款			100	400				
3.2	现金流出			649.55	671.3	874.24	952.09	424.94	1 039.59
3.2.1	各种利息支出			127.6	115.35	85.4	53.65	20	20
3.2.2	偿还债务本金			470.9	499.15	529.1	560.85	0	500
3.2.3	应付利润（股利分配）			51.05	56.80	259.74	337.59	404.94	519.59
4	净现金流量=1+2+3	0	0	211.69	387.56	197.13	111.35	630.08	15.43
5	累计盈余资金	0	0	211.69	599.25	796.38	907.73	1 537.81	1 553.24

项目各年的净现金流量、累计盈余资金均不为负值,说明有足够的净现金流量维持正常运营,具备财务生存能力。

6. 结　论

融资前、融资后财务分析的结果,表明项目具有财务可行性。

8.2　交通建设项目经济评价案例

交通建设项目的经济评价是交通建设项目可行性研究的重要组成部分。经济评价工作是在建设项目费用和效益的估算基础上,对项目的经济合理性进行分析和评价,为项目决策提供依据。经济评价可分为财务评价和国民经济评价。"财务评价"(通常称为"财务分析")是根据国家现行的财税制度和现行价格,分析测算项目的效益和费用,从财务角度考察项目的获利能力和借款偿还能力等财务状况,对项目财务可行性进行评价;"国民经济评价"是从国家整体的角度研究项目需要国家付出的代价和对国家的贡献,以评价投资行为的经济合理性。

由于公路面向全社会开放,公路上行驶的车辆 90%以上属于社会各部门及集体或私营企业及个人所有,交通部门的公路运输企业车辆仅占极小比例,而且公路建设、管理、运输、养护是分开经营与管理的,分属不同的企业,不能形成一个建设和运营统一核算的独立企业。因此,所有公路建设项目均需要进行国民经济评价。仅收费公路需要增加财务分析评价内容,目的是通过研究收费标准,测算过路(桥)费收入,计算贷款偿还能力(如偿还方式和偿还年限),分析项目财务的可行性。这是公路建设项目经济评价的一个特点。

某公路建设项目经济评价过程如下。

8.2.1　基础资料

1. 项目的地位和作用

拟建的某高速公路 KS 段位于某省东部,是国家高速公路 G78 与 G80 的交汇段。该高速公路是通往滇南国家级口岸河口等地,南下越南、老挝等国家的出国通道;是连接贵州、广西,出省可达福建、广东,直达北部湾出海的主要公路干道;是通往国家级旅游景区石林风景区的便捷通道路。

本项目的建设,对尽快贯通规划中的国道主干线公路网,逐步完善以国道为主骨架的路网体系,促进该省经济全方位发展,具有十分重要的意义;对于促进沿线经济及边境贸易往来,开发旅游资源,加强该省与周边国家和地区的经济贸易往来,为该省经济发展提供有力的保障,加强国际和地区间的经济、信息交流以及国防建设、民族团结具有重要作用。

2. 建设规模

某高速公路 KS 段全长 78.08 km,采用全封闭、全立交高速公路标准。全线共分为三个路段,分别按路段采用不同的技术标准。

互通式、半互通式立交 7 处，分离式立交（跨线桥及通道）41 处；特大桥梁 10 座计 7 331.52 m，大桥 67 座计 15 903.96 m，中、小桥 138 座计 7 483.42 m；隧道 4 座（单洞）长 9 077m；收费站 10 处，监控管理所 2 处。

3. 主要技术标准

该高速公路穿越滇东腹地，地形情况多变，地质条件复杂，为了合理利用地形、降低投资成本、发挥公路功能，全线分别采用双向八车道、双向六车道、双向四车道全部控制出入，供汽车分向、分道行驶。路基宽度分别为 40.5 m、26.0 m、24.5 m，其中起点段全长 6.22 km 为设计速度 100 km/h、路基宽度为 40.5 m 的双向八车道高速公路；第二段全长 67.270 4 km，为设计速度 100 km/h、路基宽度 26.0 m 的双向六车道高速公路；第三段止点段全长 4.589 km，是设计车速为 80 km/h、路基宽度为 24.5 m 双向四车道高速公路。

4. 资金来源及投资估算

KS 高速公路项目主要资金采取交通部补助和地方自筹相结合的方案，建设项目计划资金的来源情况如表 8-10 所示。

表 8-10 KS 高速公路计划资金来源情况

项　目	资金计划（万元）	所占比例
财政部	55 100	14.48%
省交通厅	16 000	4.20%
省财政厅	35 000	9.19%
×市政府配套	19 000	4.99%
银行贷款	255 513	6.71%
合计	380 613	100%

5. 施工计划

KS 高速公路计划建设工期为 3 年，计划 2001 年年初开工，2003 年年底完工。

8.2.2 国民经济评价

国民经济评价是按照全社会资源合理配置的原则，从国家和全社会整体角度考察项目的效益和费用，用货物影子价格、影子工资、社会折现率等经济参数分析、计算项目对国民经济的净贡献，并评价项目的经济合理性。对于公路交通项目，国民经济评价是项目效益评价的核心部分，采用"有项目"和"无项目"对比法（即"有无"对比法）将 KS 高速公路项目建设的情况下发生的各种费用和效益与假定本项目不实施的情况下发生的各种费用和效益两者进行比较，确定本项目的国民经济费用和效益。

1. 评价期限

KS 高速公路建设项目计划工期为 3 年，建成后运营期限为 20 年。评价期限共 23 年（2001—2023 年），其中建设期限为 2001—2003 年（3 年），运营期为 2004—2023 年（20 年）。评价基年为 2000 年。

2. 评价依据

（1）国家发展改革委、原建设部 2006 年发布的《建设项目经济评价方法与参数》。

（2）中华人民共和国交通运输部 2010 年发布的《交通建设项目可行性研究报告编制办法汇编》。

3. 参数选择与确定

1）交通量

根据交通量观测与统计，预测 KS 高速公路通车年历年各路段平均交通量如表 8-11 所示。

表 8-11　KS 高速公路观测及预测各路段年平均交通量　　单位：辆/d

序 号	年 份	路段平均交通量	序 号	年 份	路段平均交通量
1	2004	9 690	8	2011	24 467
2	2005	9 976	9	2012	27 947
3	2006	11 826	10	2015	37 474
4	2007	13 675	11	2020	51 947
5	2008	15 520	12	2023	59 964
6	2009	16 564	13	2025	65 986
7	2010	20 490	14	2033	79 532

备注：本表数据来源为中交第一公路勘察设计研究院有限公司 2013 年 12 月编著的《云南省昆明至石林高速公路后评价总报告》，其中 2004—2012 年为观测数据，2015 后数据为预测数据。

2）车种构成

根据调查分析，KS 高速公路各路段车型比例构成情况如表 8-12 所示。

表 8-12　KS 高速公路各路段特征年车型比例

年份	车型	起点段	中间段	止点段
2015	客车	73.41%	70.94%	69.37%
	货车	26.59%	29.06%	30.63%
2020	客车	73.22%	71.59%	70.15%
	货车	26.78%	28.41&	29.85%
2023	客车	73.12%	71.48%	70.04%
	货车	26.88%	28.52%	29.96%
2025	客车	73.05%	71.41%	69.96%
	货车	26.95%	28.59%	30.04%

3）其他评价参数

参照《建设项目经济评价方法与参数》及其他相关资料，确定国民经济评价的有关参数。本案例的社会折现率为 8%；影子汇率换算系数为 1.08；影子工资换算系数与地方劳动力的状况、结构及就业水平有关，本项目影子工资换算系数取 0.75；贸易费用率取 6%；公路货物运输影子价格换算系数取 1.26；房屋建筑工程影子价格换算系数 1.1；项目残值按公路工程建设费用的 50% 计，以负值计入经济费用。

4．经济费用调整

本项目投资费用包括公路建设费用、公路营运期间养护费用及运营管理费用，国民经济评价需分别调整为经济费用。

1）公路建设费用调整

公路建设费用包括建设安装工程费，设备工具、器具购置费，工程建设其他费用及预留费用四项，主要对前三项费用进行调整。现对主要投入物进行调整。其他按实际财务支出考虑，不做调整。

（1）主要投入物调整。

对占本项目费用较大的建筑材料做影子价格的调整计算，其他部分按实际财务支出计算，不作调整。本项目需要进行价格调整的有木材、钢绞线、钢材、高强钢丝和水泥，除水泥按国内贸易物对待外，其余均按外贸物调整。

（2）土地影子价格。

土地作为项目的特殊投入物，其土地影子费用包括土地机会成本和新增资源消耗费用。土地机会成本按照拟建项目占用土地而使国民经济为此放弃该土地的净效益测算。项目占用土地主要为水田、旱地、菜地和荒地及其他用地。参考国家发改委和原建设部 2006 年颁布的《建设项目经济评价方法与参数》（第三版），选取最优的种植方式，按照平均效益年增长率 2%、社会折现率 8% 计算土地机会成本。

根据项目所在地区实际情况，选择烟叶为最好可行替代品，其年净效益为 1 458 元/亩（2000 年）来计算土地机会成本，项目土地新增资源消耗费用，主要指拆迁费用、剩余劳动力安置、养老保险等，其值为拆迁费的 1.1 倍。

（3）影子工资。

本项目建设中使用大量民工，根据农村转移劳动力的影子工资换算系数取值为 0.25 ~ 0.8 的原则，取其影子工资换算系数取 0.5，其他人员影子工资换算系数为 1.0，本项目人工构成中民工按 50% 考虑，故全部人工的影子工资系数为 0.75，影子工资为 16.45 × 0.75 = 12.34 元/日。以上各项主要投入物的影子价格见表 8-13。

表 8-13 经济评价影子价格

费用名称	单位	工程数量	财务单价	影子价格
人　工	工日		16.45	12.34
木　材	m³	19 000	1 217	946.77
钢　材	t	102 000	4 060	4 118.67
钢绞线	t	4 380	7 600	7 000
水　泥	t	681 000	330	360.32
石油沥青	t	30 000	3 950	4 702.22
土　地	亩	7 928.17		
税　金	公路公里			0

根据影子价格计算得出公路建设费用调整表见表 8-14。

表 8-14　项目建设安装费用调整表　　　　　　　　　单位：万元

费用名称	财务费用	经济费用
一、建筑安装工程费	301 744.40	289 553.17
利润	19 740.28	0
税金	9 299.24	0
二、设备、工器具购置费	7 727.98	7 727.98
三、工程建设其他费用	53 323.53	39 188.79
3.1 土地、青苗补偿及安置补偿费	19 171.70	20 858.79
3.2 国内建设期贷款利息	18 330	0
四、基本预备费用	17 817.61	17 817.61
总金额	380 613.53	354 287.55

根据项目建筑安装工程费用调整的综合系数 0.943 8，将本公路项目各年度投资额（财务费用）调整为经济费用，结果见表 8-15。

表 8-15　建设期各年度投资费用调整表　　　　　　　单位：万元

年　份	财务费用	经济费用
2001	140 233	127 416
2002	140 452	132 559
2003	99 929	94 313
合　计	380 614	354 288

2）公路养护、公路大修费用调整

公路大修及养护费的调整作简化处理，调整系数按照公路建设费用影子价格换算系数来确定，其余各项不作调整。公路养护运营费用表见表 8-16。

表 8-16　公路养护运营费用表　　　　　　　　单位：万元

年份	运营管理费	养护费用		大修费用		总计	
		财务费用	经济费用	财务费用	经济费用	财务费用	经济费用
2004	1 444.67	1 945.89	1 836.53			3 390.56	3 281.80
2005	1 459.41	2 072.81	1 956.32			3 532.22	3 415.73
2006	1 474.15	3 503.6	3 306.70			4 977.75	4 780.85
2007	1 214.11	1 853.23	1 749.08			3 067.34	2 963.19
2008	2 065.32	1 919.27	1 811.41			3 984.59	3 876.73
2009	812.02	4 365.63	4 120.28			5 177.65	4 932.30
2010	1 450.10	3 120.98	2 945.58			4 571.08	4 395.68
2011	2 290.78	1 048.53	989.60			3 339.31	3 280.38
2012	1 753.36	1 180.84	1 114.48			2 934.20	2 867.84
2013	1 805.97	1 216.27	1 147.92			3 022.23	2 953.89
2014	1 860.14	1 252.75	1 182.35			3 112.89	3 042.49
2015	1 915.94	1 290.34	1 217.82			3 206.28	3 133.76
2016	1 973.43	1 329.05	1 254.36			3 302.47	3 227.79
2017	2 032.62	1 368.92	1 291.99			3 401.54	3 324.61
2018	2 093.60	1 409.98	1 330.74	14 099.85	13 307.45	17 603.44	16 731.79
2019	2 156.41	1 452.28	1 370.66			3 608.7	3 527.07
2020	2 221.11	1 495.85	1 411.78			3 716.96	3 632.89
2021	287.74	1 540.73	1 454.14			3 828.47	3 741.88
2022	2 356.37	1 586.95	1 497.76			3 943.32	3 854.13
2023	2 427.06	1 634.56	1 542.70			4 061.62	3 969.76

3）汽车运输成本调整

降低汽车运输成本所带来的效益是新建公路项目的主要效益之一，影响汽车运输成本的主要因素为道路条件和交通条件，不同的道路条件和交通条件所产生的汽车运输成本不同。运输成本的降低是由于实施本建设项目而改善了项目所在地区的道路条件和交通条件，致使与运输成本相关的燃料、轮胎、汽车配件、车辆保养费用消耗减少，从而导致各项费用支出降低所产生的效益。新建公路的运输成本降低额，按没有此公路时旅客、货物通过其他公路或其他运输方式运输的运输成本，与有此项目时的汽车运输成本之差额来计算。

确定本项目汽车运输经济成本时，首先按照汽车在特定道路及交通条件下（基准条件下）的运营状况，确定汽车运输成本的基本消耗及基本费用。然后根据本项目具体条件，即道路条件和各特征年的交通状况，调整基本消耗及费用，确定汽车运输经济成本。

汽车运输经济成本包括两部分：一部分与汽车行驶距离有关，另一部分与汽车使用时间有关。与行驶距离有关的成本上升主要包括燃油、润滑油消耗、轮胎消耗等；与使用时间有关的成本主要包括汽车折旧费、人员工资、税费、管理费用等。在此基础上求出汽车运输成本，见表 8-17。

表 8-17　汽车运输成本　　　　　　　　　　　　单位：元/百公里

速度（km/h）	公路等级	小型客车	大型客车	小型货车	中型货车	大型货车	重型货车
20	高速公路						
	二级公路	318.33	655.90	294.11	565.36	568.24	670.35
25	高速公路						
	二级公路	267.37	561.76	254.14	479.82	499.56	590.84
30	高速公路						
	二级公路	227.56	478.52	217.63	400.73	439.74	520.21
40	高速公路						
	二级公路	184.91	391.16	183.47	321.97	377.41	426.38
45	高速公路	170.22	357，93	178.76	388.49	339.70	406.81
	二级公路	172.43	374.58	173.88	302.94	359.77	429.17
50	高速公路	160.53	341.59	172.71	272.72	327.94	393.42
	二级公路						
60	高速公路	149.54	326.43	169.75	257.29	311.94	363.31
	二级公路						
80	高速公路	143.64	310.60	184.27	261.00	330.95	403.79
	二级公路						
90	高速公路	143.57	347.70	200.75	276.26	346.85	424.19
	二级公路						
100	高速公路	147.83	372.36	220.38	296.11	366.92	449.62
	二级公路						

5. 效益计算

道路建设项目节约的效益是指公路建设项目实施后使得客、货运输成本降低所产生的效益。新建公路的运输成本降低额，按"有无对比法"进行分析，即在"有项目"相对于"无项目的情况下，考虑未来的发展状况，据此计算其效益。KS 公路建设项目经济效益包括：新建高速公路提高公路技术等级，使公路运输成本降低而产生的经济效益（B_1）；由于行车速度提高，旅客在途时间节约所产生的节时效益（B_2）；由于减少交通事故所产生的效益（B_3）。其效益计算结果见表 8-18。

表 8-18　KS 高速公路国民经济效益构成表　　　　单位：万元

年份	效益合计	降低运营成本效益	旅客节约时间效益	减少交通事故效益
2004	55 304.24	54 869.14	266.38	168.72
2005	56 295.25	55 812.86	301.33	181.06
2006	57 080.40	56 481.29	380.03	219.12
2007	60 470.96	59 736.24	479.54	255.18
2008	60 965.85	60 074.93	598.03	292.89
2009	55 395.66	54 363.75	708.09	323.82
2010	54 951.83	53 602.99	961.49	387.35
2011	48 471.71	46 756.70	1 265.13	449.28
2012	52 824.56	50 719.59	1 605.10	499.87
2013	55 503.52	52 986.91	1 969.92	546.69
2014	58 248.49	55 234.22	2 418.67	595.60
2015	61 065.00	57 447.17	2 971.86	645.97
2016	61 932.46	57 669.37	3 566.33	696.76
2017	62 792.91	57 748.64	4 293.11	751.16
2018	63 677.62	57 682.69	5 185.55	809.38
2019	64 629.13	57 470.79	6 286.73	871.61
2020	65 704.35	57 113.64	7 652.66	938.05
2021	65 888.27	55 629.18	9 245.45	1 013.64
2022	66 391.47	54 067.08	11 227.82	1 096.57
2023	67 192.67	52 451.37	13 553.58	1 187.72

6. 评价指标及计算

本项目经济评价指标按照交通运输部颁布的《公路建设项目经济评价办法》的规定，国民经济评价过程中对经济净现值（ENPV）、经济内部收益率（EIRR）、经济效益费用比（EBCR）、经济投资回收期（P_t）等 4 项指标进行计算。

国民经济评价结果采用列表办法计算，从表 8-19 中可知，本项目各项指标如下：

净现值：ENPV = 145 534.89（万元）

效益费用比：EBCR = 453 285.4/307 749.9 = 1.47

内部收益率：EIRR = 13%

投资回收期：P_t = 14 + 9 080.94/（9 080.94 + 9 178.99）= 14.497（年）

表 8-19 国民经济评价指标表

年份	经济费用（万元）		经济效益（万元）	净现金流量（万元）	社会折现率（8%）			
	公路建设费用	养护管理费用			折现系数	费用现值	效益现值	累计净现值（万元）
2001	127 416			−127 416	0.925 9	117 974.5		−117 974.5
2002	132 559			−132 559	0.857 3	113 642.8		−231 617.3
2003	94 313			−94 313	0.793 8	74 865.65		−306 482.95
2004		3 281.80	55 304.24	52 022.44	0.735 0	2 412.12	40 468.61	−268 426.46
2005		3 415.73	56 295.25	52 879.52	0.680 6	2 324.75	38 314.54	232 436.67
2006		4 780.85	57 080.40	52 299.55	0.630 2	3 012.67	35 972.07	−199 477.27
2007		2 963.19	60 470.96	57 507.77	0.583 5	1 729.02	35 284.81	−165 921.48
2008		3 876.73	60 965.85	57 089.12	0.540 3	2 094.6	32 935.85	−135 080.23
2009		4 932.30	55 395.66	50 463.36	0.500 2	2 467.13	27 708.91	−109 838.45
2010		4 395.68	54 951.83	50 556.15	0.463 2	2 036.08	25 453.69	−86 421.44
2011		3 280.38	48 471.71	45 191.33	0.428 9	1 406.95	20 789.51	−67 038.88
2012		2 867.84	52 824.56	49 956.72	0.397 1	1 138.82	20 976.63	−47 201.07
2013		2 953.89	55 503.52	52 549.63	0.367 7	1 086.15	20 408.64	−27 878.58
2014		3 042.49	58 248.49	55 207.00	0.340 5	1 035.97	19 833.61	−9 080.94
2015		3 133.76	61 065.00	57 931.24	0.315 2	987.76	19 247.69	9 178.99
2016		3 227.79	61 932.46	58 704.67	0.291 9	942.19	18 078.09	26 314.89
2017		3 324.61	62 792.91	59 468.30	0.270 3	898.64	16 972.92	42 389.17
2018		16 731.79	63 677.62	46 945.83	0.250 2	4 186.29	15 932.14	54 135.02
2019		3 527.07	64 629.13	61 102.06	0.217 7	767.84	14 069.76	67 436.94
2020		3 632.89	65 704.35	62 071.47	0.214 5	779.25	14 093.58	80 785.27
2021		3 741.88	65 888.27	62 146.39	0.198 7	743.51	13 092	93 099.76
2022		3 854.13	66 391.47	62 537.34	0.183 9	708.77	12 209.39	104 600.38
2023	−177 144	3 969.76	67 192.67	240 366.91	0.170 3	−29 491.6	11 442.91	145 534.89
合计						307 749.9	453 285.4	

7. 敏感性分析

由于经济评价采用的部分数据来自预测和估算，对有关影响因素和未来情况无法做出准确分析，项目在实际实施过程中难免与预测情况有差异，有可能带来一定的风险。敏感性分析就是通过测定各个不确定因素发生变化所导致的经济评价指标的变化幅度，考察项目的风险适应能力。公路建设项目经济评价中的不确定因素包括：公路建设费用，未来所发生的养护及大中修费用、运输成本、交通量、项目寿命期以及期末残值，等。为简便起见，选取国民经济评价中的所有不确定因素中的建设项目费用及养护维修费用和效益两个主要因素进行分析，通过分析成本和效益的变动情况来确定经济评价指标的变化。

敏感性分析主要考虑成本与效益两个因素向不利情况变化时，对项目经济费用效益分析指标的影响。敏感性分析结果见表 8-20。

表 8-20 国民经济评价敏感性分析结果

效益调整		费用调整				
		−10%	−5%	0	5%	10%
−10%	ENPV（万元）	343 501.36	339 911.3	105 917.89	332 731.17	69 598.20
	EBCR	1.47	1.4	1.33	1.26	1.21
	EIRR（%）	13	12	11.21	11.0	10.07
−5%	ENPV（万元）	366 174.82	362 584.76	123 617.90	107 658.24	92 270.74
	EBCR	1.56	1.47	1.4	1.33	1.27
	EIRR（%）	13.28	13	11.9	11.27	11
0	ENPV（万元）	176 494.24	161 106.73	145 534.89	130 331.71	82 490.31
	EBCR	1.64	1.55	1.47	1.40	1.34
	EIRR（%）	14	13.24	13	11.92	11.33
5%	ENPV（万元）	411 521.76	407 931.70	168 392.69	400 751.58	137 617.68
	EBCR	1.72	1.63	1.55	1.47	1.41
	EIRR（%）	14.69	14.0	13.21	12.56	11.94
10%	ENPV（万元）	434 195.23	430 605.17	191 066.16	423 425.04	160 291.15
	EBCR	1.8	1.71	1.62	1.54	1.47
	EIRR（%）	15	14.59	13.85	13	13

经济敏感性分析结果表明，在费用增加 10%、效益下降 10%的最不利情况下，项目内部收益率仍大于 8%的社会折现率。因此，从国民经济的角度看，本项目具有较强的经济抗风险能力。

8. 国民经济评价结论

通过上述分析计算可以看出 KS 高速公路国民经济效益是非常显著的，具有较强的抵抗风险的能力。

KS 高速公路是所在省的第一条通往旅游景区的高速公路，项目建成后将大大改善沿线的交通条件，可大幅度降低汽车的运输成本，缩短旅客在途时间，减少交通事故，产生较好的国民经济效益。具体评价结果是：内部收益率（EIRR）为 13%，高于 8%的社会基准折现率，经济净现值（ENPV）为 145 534.89 万元，效益费用比（EBCR）为 1.47，投资回收期（P_t）为 14.5 年。

敏感性分析中，在费用增加10%、效益下降10%的最不利情况下，两种情况的内部收益率仍大于8%的社会折现率。因此，从国民经济角度看，本项目具有较强的经济抗风险能力。

8.2.3 财务评价

国民经济评价按照全社会资源合理配置的原则，从国家和全社会整体角度考察项目效益和费用，用货物影子价格、影子工资、影子汇率和社会折现率等经济参数分析、计算项目对国民经济所做的净贡献，并评价其经济合理性。

财务分析是在项目财务效益和费用估算的基础上进行的。对于经营性项目，财务分析通过计算编制财务分析报表，计算财务指标，分析项目的盈利能力、偿债能力和财务生存能力，判断项目的财务可接受性。财务分析主要分析项目的财务生存能力。

1. 建设投资

建设投资是项目费用的重要组成，是项目财务分析的基础数据，可根据项目前期研究不同阶段、对投资估算精度的要求及相关规定选用估算方法。

公路建设投资由建筑工程费、设备工程费（含工器具及生产家具购置费）、工程建设其他费用、预备费等四部分构成。

KS高速公路建设投资估算金额为380 613万元，基建投资贷款255 513万元，交通部专项资金55 100万元，省财政厅拨款6 000万元，其余资金为地方自筹。项目资本金共计划125 100万元，分年度计划投入为：55 052万元、55 528万元和14 758万元。建设期借款分三年，各年投入额均为85 171万元。

2. 运营成本

结合已建类似高速公路的管理养护成本，考虑未来可能的物价因素，测算KS高速公路未来年份的投入，结果见表8-21。

表 8-21　管理养护成本测算结果　　　　　　　　　　　单位：万元

年　份	运营管理费	养　护	大中修	经营成本
2004	1 444.67	1 945.89		3 390.56
2005	1 459.41	2 072.81		3 532.22
2006	1 474.15	3 503.6		4 977.75
2007	1 214.11	1 853.23		3 067.34
2008	2 065.32	1 919.27		3 984.59
2009	812.02	4 365.63		5 177.65
2010	1 450.10	3 120.98		4 571.08
2011	2 290.78	1 048.53		3 339.31
2012	1 753.36	1 180.84		2 934.20

续表

年　份	运营管理费	养　护	大中修	经营成本
2013	1 805.97	1 216.27		3 022.23
2014	1 860.14	1 252.75		3 112.89
2015	1 915.94	1 290.34		3 206.28
2016	1 973.43	1 329.05		3 302.47
2017	2 032.62	1 368.92		3 401.54
2018	2 093.60	1 409.98	14 099.85	17 603.44
2019	2 156.41	1 452.28		3 608.7
2020	2 221.11	1 495.85		3 716.96
2021	287.74	1 540.73		3 828.47
2022	2 356.37	1 586.95		3 943.32
2023	2 427.06	1 634.56		4 061.62

3. 收费收入

高速公路主营业务收入为过路费收入。

$$年过路费收入 = 当年各车型应缴纳的交通量 \times 建设里程 \times 各车型收费标准 \times (1-税率)$$

以此为基础，结合交通量预测结果，计算高速公路未来年份的收费收入，计算结果见表 8-22。

表 8-22　KS 高速公路收费收入测算结果　　　　　单位：万元

年　份	收费收入	年　份	收费收入
2004	13 000	2014	53 774
2005	13 147	2015	59 356
2006	19 187	2016	64 526
2007	23 975	2017	69 696
2008	24 317	2018	74 865
2009	27 590	2019	80 035
2010	33 762	2020	85 204
2011	40 872	2021	85 969
2012	42 715	2022	93 934
2013	48 191	2023	98 298

4. 参数选择与确定

1）评价期限

评价期限包括项目建设期和项目竣工后运营期。本项目按建设期为 3 年、运营期为 20 年进行评价，见表 8-23。

表 8-23 财务评价期限

评价基年	建设期	运营期		备 注
2000 年	2001—2003	2004—2023	20 年	公路收费年限按 20 年计

2）基准折现率

根据项目资金来源情况，KS 高速公路总投资 380 613 万元，贷款 255 513 万元，贷款利率 5.4%。其余为地方自筹。

根据本项目资金筹措方案，计算财务评价基准折现率为 5%。

3）建设期贷款利息计算

该项目计划贷款合计 255 513 万元，按建设期限 3 年分别贷款 85 171 元计算，贷款利率为 5.4%。

第一年贷款利息 =（0 + 85 171 ÷ 2）× 5.4% = 2 299.62（万元）
第二年贷款利息 = [（85 171 + 2 299.62）+ 85 171 ÷ 2] × 5.4% = 7 023.034（万元）
第三年贷款利息 = [（85 171 + 2 299.62）+（85 171 + 7 023.03）+ 85 171 ÷ 2] × 5.4%
            = 12 001.51（万元）

建设期贷款利息总计 = 2 299.62 + 7 023.034 + 12 001.51 = 21 324.16（万元）

5. 财务评价指标及计算

（1）根据贷款利息公式列出借款还本付息表中的各项费用，并填入建设期 3 年的贷款利息，见表 8-24。第四年年初累计借款额为 276 837.16 万元。则运营期的 20 年计划按等额还本付息方式计算借款偿还。

$$A = P(A/P, i, n) = 276\,837.16 \times (A/P, 5.4\%, 20) = 22\,974.72（万元）$$

表 8-24 借款还本付息计划表 单位：万元

项目		计算期							
		1	2	3	4	5	6	7	8
期初借款余额			87 470.62	179 664.65	276 837.16	268 811.65	260 352.76	251 437.09	242 039.97
当期还本付息					22 974.72	22 974.72	22 974.72	22 974.72	22 974.72
其中	还本				8 025.51	8 026.89	8 915.67	9 397.67	9 904.56
	付息	2 299.62	7 023.03	12 001.51	14 949.21	14 947.83	14 059.05	13 577.60	13 070.16
期末借款余额		87 470.62	179 664.65	276 837.16	268 811.65	260 352.76	251 437.09	242 039.97	232 135.41

续表

项目		计算期							
		9	10	11	12	13	14	15	16
期初借款余额		232 135.41	221 696.0	210 692.86	199 095.55	186 871.99	173 988.36	160 409.01	146 096.38
当期还本付息		22 974.72	22 974.72	22 974.72	22 974.72	22 974.72	22 974.72	22 974.72	22 974.72
其中	还本	10 439.41	11 003.14	11 597.31	12 223.56	12 883.63	13 579.35	14 312.63	15 075.52
	付息	12 535.31	11 971.58	11 377.41	10 751.16	10 091.09	9 395.37	8 662.09	7 899.20
期末借款余额		221 696.0	210 692.86	199 095.55	186 871.99	173 988.36	160 409.01	146 096.38	131 010.86

项目		计算期							
		17	18	19	20	21	22	23	24
期初借款余额		131 010.86	115 110.73	98 351.99	80 688.28	62 070.73	42 447.83	21 765.29	
当期还本付息		22 974.72	22 974.72	22 974.72	22 974.72	22 974.72	22 974.72	22 974.72	
其中	还本	15 900.13	16 758.74	17 663.71	18 617.59	19 622.9	20 682.54	21 799.39	
	付息	7 074.59	6 215.98	5 311.01	4 357.17	3 351.82	2 292.18	1 175.33	
期末借款余额		115 110.73	98 351.99	80 688.28	62 070.73	42 447.83	21 765.29	-34.10	

（2）KS高速公路财务效益评价指标计算见表8-25和表8-26。

表8-25 财务评价项目投资现金流量表　　　　　　单位：万元

序号	年份	建设投资（不含建设期利息）	经营费用	收费收入	净现金流量	财务折现率（5%）		
						折现系数	净现金流量折现值	累计净现金流量折现值
1	2001	137 933.38			-137 933.38	0.952 4	-131 367.751 1	-133 557.909 2
2	2002	133 428.66			-133 428.66	0.907 0	-121 019.794 6	-254 577.703 8
3	2003	87 929.49			-87 927.49	0.863 8	-75 951.765 8	-330 529.469 7
4	2004		3 390.56	13 000	9 609.44	0.822 7	7 905.686 3	-322 623.783 4
5	2005		3 532.22	13 147	9 614.78	0.783 5	7 533.180 13	-315 090.603 3
6	2006		4 977.75	19 187	14 209.25	0.746 2	10 602.942 35	-304 487.660 9
7	2007		3 067.34	23 975	20 907.66	0.710 7	14 859.073 96	-289 628.587
8	2008		3 984.59	24 317	20 332.41	0.676 8	13 760.975 09	-275 867.611 9
9	2009		5 177.65	27 590	22 412.35	0.644 6	14 447.000 8	-261 420.611 1
10	2010		4 571.08	33 762	29 190.92	0.613 9	17 920.305 79	-243 500.305 3
11	2011		3 339.31	40 872	37 532.69	0.584 7	21 945.363 84	-221 554.941 4
12	2012		2 934.20	42 715	39 780.8	0.556 8	22 149.949 44	-199 404.992
13	2013		3 022.23	48 191	45 168.77	0.530 3	23 952.998 73	-175 451.993 3
14	2014		3 112.89	53 774	50 661.11	0.505 1	25 588.926 66	-149 863.066 6

续表

序号	年份	建设投资（不含建设期利息）	经营费用	收费收入	净现金流量	财务折现率（5%）		
						折现系数	净现金流量折现值	累计净现金流量折现值
15	2015		3 206.28	59 356	56 149.72	0.481 0	27 008.015 32	−122 855.051 3
16	2016		3 302.47	64 526	61 223.53	0.458 1	28 046.499 09	−94 808.552 18
17	2017		3 401.54	69 696	66 294.46	0.436 3	28 924.272 9	−65 884.279 28
18	2018		17 603.44	74 865	57 261.56	0.415 5	23 792.178 18	−42 092.101 1
19	2019		3 608.7	80 035	76 426.3	0.395 7	30 241.886 91	−11 850.214 19
20	2020		3 716.96	85 204	81 487.04	0.376 9	30 712.465 38	18 862.251 19
21	2021		3 828.47	85 969	82 140.53	0.358 9	29 480.236 22	48 342.487 4
22	2022		3 943.32	93 934	89 990.68	0.341 8	30 758.814 42	79 101.301 83
23	2023		4 061.62	98 298	94 236.38	0.325 6	30 683.365 33	109 784.667 2

财务内部收益率：$FIRR = 7.34\%$；　　投资回收期：$P_t = 19.34$（年）；
财务净现值：$FNPV = 109\,784.667\,2$（万元）；　　效益费用比：$FBCR = 1.3$。

表 8-26　KS 高速公路项目资本金现金流量表　　　　单位：万元

序号	1 现金流入 收费收入	2 现金流出				2 合计	3 净现金流量(1−2)	4 累计净现金流量	5 净现金流量折现值（折现率5%）
		2.1 项目资本金	2.2 借款本金偿还	2.3 借款利息支付	2.4 经营成本				
1		55 502				55 502	−55 502	−55 502	−52 860.104 8
2		55 281				55 281	−55 281	−110 783	−50 139.867
3		14 758				14 758	−14 758	−125 541	−12 747.960 4
4	13 000		8 025.51	14 949.21	3 390.56	26 365.28	−13 365.28	−138 906.28	−10 995.615 9
5	13 147		8 026.89	14 949.21	3 532.22	26 508.32	−13 361.32	−152 267.6	−10 468.594 2
6	19 187		8 915.67	14 059.05	4 977.75	27 952.47	−8 765.47	−161 033.07	−6 540.793 7
7	23 975		9 397.67	13 577.60	3 067.34	26 042.61	−2 067.61	−163 100.68	−1 469.450 4
8	24 317		9 904.56	13 070.16	3 984.59	26 959.31	−2 642.31	−165 742.99	−1 788.315 4
9	27 590		10 439.41	12 535.31	5 177.65	28 152.37	−562.37	−166 305.36	−362.503 7
10	33 762		11 003.14	11 971.58	4 571.08	27 545.8	6 216.2	−160 089.16	3 816.125 18
11	40 872		11 597.31	11 377.41	3 339.31	26 314.03	14 557.97	−145 531.19	8 512.045 1
12	42 715		12 223.56	10 751.16	2 934.20	25 908.92	16 806.08	−128 725.11	9 357.625 3
13	48 191		12 883.63	10 091.09	3 022.23	25 996.95	22 194.05	−106 531.06	11 769.504 7
14	53 774		13 579.35	9 395.37	3 112.89	26 087.61	27 686.39	−78 844.67	13 984.395 6
15	59 356		14 312.63	8 662.09	3 206.28	26 181	33 175	−45 669.67	15 957.175

续表

序号	1 现金流入 收费收入	2 现金流出					3 净现金流量(1-2)	4 累计净现金流量	5 净现金流量折现值(折现率5%)
		2.1 项目资本金	2.2 借款本金偿还	2.3 借款利息支付	2.4 经营成本	2 合计			
16	64 526		15 075.52	7 899.20	3 302.47	26 277.19	38 248.81	-7 420.86	17 521.779 9
17	69 696		15 900.13	7 074.59	3 401.54	26 376.26	43 319.74	35 898.88	18 900.402 6
18	74 865		16 758.74	6 215.98	17 603.44	40 578.16	34 286.84	70 185.72	14 246.182 0
19	80 035		17 663.71	5 311.01	3 608.7	26 583.42	53 451.58	123 637.3	21 150.790 2
20	85 204		18 617.59	4 357.17	3 716.96	26 691.72	58 512.28	182 149.58	22 053.278 33
21	85 969		19 622.9	3 351.82	3 828.47	26 803.19	59 165.81	241 315.39	21 234.609 21
22	93 934		20 682.54	2 292.18	3 943.32	26 918.04	67 015.96	308 331.35	22 906.055 13
23	98 298		21 799.39	1 175.33	4 061.62	27 036.34	71 261.66	379 593.01	23 202.796 5

资本金财务内部收益率：$FIRR = 7.93\%$；
资本金财务净现值：$FNPV = 77\ 239.559\ 2$（万元）（财务基准折现率 $i_c = 5\%$）；
资本金投资回收期：$P_t = 19.55$（年）；
资本金效益费用比：$FBCR = 1.19$。

评价结果表明：

在20年评价期内（收费20年），项目全部投资和资本金财务内部收益率分别为7.34%、7.93%，均大于财务折现率5.0%；全部投资财务净现值为109 784.667 2万元，资本金财务净现值为77 239.559 2万元，财务净现值均大于0；投资回收期均小于项目营运期。说明项目具有一定的财务效益。

6. 财务敏感性分析

财务敏感分析结果见表8-27。

表8-27 财务评价敏感性分析（全部投资）

效益调整		费用调整				
		-10%	-5%	0	5%	10%
-10%	$FNPV$（万元）	74 503.79	62 366.23	50 228.67	26 411.11	2 593.56
	$FBCR$	1.30	1.23	1.17	1.12	1.06
	$FIRR$	7%	6.85%	6.39%	5.97%	5.54%
-5%	$FNPV$（万元）	98 808.48	92 144.23	98 838.05	62 395.80	50 528.24
	$FBCR$	1.37	1.3	1.23	1.18	1.12
	$FIRR$	7.84%	7.17%	7.34%	6.43%	6.02%

续表

效益调整		费用调整				
		−10%	−5%	0	5%	10%
0	FNPV（万元）	123 113.17	116 448.92	109 784.67	86 700.49	74 562.93
	FBCR	1.44	1.37	1.3	1.24	1.16
	FIRR	8.32%	7.83%	7.34%	6.9%	6.48%
5%	FNPV（万元）	147 417.86	86 670.92	128 616.05	116 478.49	98 867.62
	FBCR	1.52	1.3	1.37	1.3	1.24
	FIRR	9%	7.34%	7.67%	7.34%	6.92%
10%	FNPV（万元）	171 722.54	159 584.98	147 447.43	135 309.87	123 172.31
	FBCR	1.59	1.5	1.43	1.36	1.30
	FIRR（%）	9%	8.7%	8%	7.77%	7.34%

7. 借款偿还能力分析

KS 高速公路建设项目偿还资金来源于公路过路费用收入，公路收费收入还须扣除用于公路的大修、养护、管理等的费用。本次财务评价资金偿还的原则是：采取"项目通车后用公路收取的通行费扣除养护费、管理费、大修费用后全部用于偿还贷款本息"的方法进行测算。计算表见表 8-28。

还贷分析表明，评价项目可于 2017 年（收费期限内）还清全部贷款本息。

表 8-28 借款偿还能力分析表 单位：万元

年度	本年借款	当年应付		年末借款累计	过路费收入	当年还款	经营费用	本年余额	累计余额
		本金	利息						
2001	85 171	85 171	2 299.62	87 470.62					
2002	85 171	87 470.62	7 023.03	179 664.65					
2003	85 171	179 664.65	12 001.51	276 837.16					
2004		276 837.16	14 949.21	282 786.37	13 000	9 000	3 390.56	609.44	609.44
2005		282 786.37	15 270.46	289 056.83	13 147	9 000	3 532.22	614.78	1 224.22
2006		289 056.83	15 609.07	290 665.9	19 187	14 000	4 977.75	209.25	1 433.47
2007		290 665.9	15 659.96	286 325.86	23 975	20 000	3 067.34	907.66	2 341.13
2008		286 325.86	15 461.6	281 787.46	24 317	20 000	3 984.59	332.41	2 673.54
2009		281 787.46	15 216.52	275 003.98	27 590	22 000	5 177.65	412.35	3 085.89
2010		275 003.98	14 850.21	260 854.19	33 762	29 000	4 571.08	190.92	3 276.81
2011		260 854.19	14 086.13	237 940.32	40 872	37 000	3 339.31	532.69	3 809.5
2012		237 940.32	12 848.78	211 789.10	42 715	39 000	2 934.20	780.8	3 590.3
2013		211 789.10	11 436.61	179 225.71	48 191	44 000	3 022.23	1 168.77	4 759.07

续表

年度	本年借款	当年应付		年末借款累计	过路费收入	当年还款	经营费用	本年余额	累计余额
		本金	利息						
2014		179 225.71	9 678.19	138 903.9	53 774	50 000	3 112.89	661.61	5 420.18
2015		138 903.90	7 500.81	91 404.71	59 356	55 000	3 206.28	1 149.72	6 569.9
2016		91 404.71	4 935.85	36 340.56	64 526	60 000	3 302.47	1 223.53	7 793.43
2017		36 340.56	1 962.39	0	69 696	38 302.95	3 401.54	27 991.51	35 784.94
2018					74 865		17 603.44	57 261.56	93 046.5
2019					80 035		3 608.7	76 426.30	169 472.8
2020					85 204		3 716.96	81 487.04	250 959.84
2021					85 969		3 828.47	82 140.53	333 100.37
2022					93 934		3 943.32	89 990.68	423 091.05
2023					98 298		4 061.62	94 236.38	137 327.43

8. 评价结论

从财务评价结果及财务敏感性分析结果来看，KS 高速公路项目财务效益显著，具有较强的财务抗风险能力，从项目的财务角度分析，项目投资建设可以实施。

参考文献

[1] 张宁宁，侯聪霞. 建筑工程经济. 2版. 北京：北京大学出版社，2013.

[2] 国家发展和改革委员会，建设部. 建设项目经济评价方法与参数. 3版. 北京：中国计划出版社，2006.

[3] 全国注册咨询工程师（投资）资格考试教材编写委员会. 项目决策分析与评价（2012版）. 北京：中国计划出版社，2011.

[4] 全国造价工程师执业资格考试培训教材编审委员会. 建设工程造价管理（2013年版）. 北京：中国计划出版社，2013.

[5] 闫军印. 建设项目评估. 2版. 北京：机械工业出版社，2015.

[6] 付淑芳，任海萍. 工程经济学. 北京：人民交通出版社，2014.

[7] 中交第一公路勘察设计院有限公司. 云南省昆明至石林高速公路后评价总报告（送审稿）. 2013-12.

[8] 严作人，孙立军. 道路工程经济与管理. 上海：同济大学出版社，1995.

[9] 刘家顺，栗国敏. 技术经济学. 北京：机械工业出版社，2002.

[10] 李杰. 道路工程经济分析与决策. 北京：人民交通出版社，1995.

[11] 田平. 公路工程经济. 北京：人民交通出版社，2005.

[12] 刘晓君. 工程经济学. 2版. 北京：中国建筑工业出版社，2008.

[13] 李南. 工程经济学. 4版. 北京：科学出版社，2013.

[14] 李忠富，杨晓冬. 工程经济学. 北京：科学出版社，2012.